초보 크리스천을 위한 기독교 입문서

생짜

양형모 지음

쿰란출판사

추천의 말

크리스천들이 생짜로 돌아가야 할 이유

"생짜"란 말을 들었을 때 번뜻 생각난 것은 어느 장로님이 나에게 들려준 이야기였습니다.

"저에게 동생처럼 아끼던 후배 한 사람이 있었습니다. 나를 좋아했을 뿐 아니라, 내가 부탁하는 건 무엇이든지 다 받아주었습니다. 그런데 신앙만은 고집스럽게 받아들이지 않더군요. 그러던 중, 마침 교회 전도 기간이 되어 이번 기회에 그를 교회로 인도하지 못하면 장로 자격이 없다고 결심하고 노력하여 그를 교회로 인도하게 되었습니다.

그 후로 모범 청년답게 그는 교회 생활에도 모범이었습니다. 예배에 빠지는 일이 없었고, 교회 프로그램에도 열심히 참여했습니다. 저는 교회에 잘 적응해 가는 후배가 참 대견스러웠습니다. 얼마 되지 않아 그는 성가대 봉사도 자원해서 하게 되었고, 마침내 성가대 총무일까지 하기에 이르렀습니다. 뿐만 아니라 놀랍게도 그 교회의 유력한 장로 후보가 되었습니다."

그렇게 10년쯤 지난 어느 날 그 후배가 진지하게 드릴 말씀이 있다고 하면서 장로님에게 시간을 내 달라고 하더랍니다. 그날 그가 한 말은 너무 충격적이었습니다.

"장로님, 장로님이 알다시피 저는 10년 동안 열심히 교회생활을 했습니다. 목사님 설교도 마음을 다해 들었습니다. 그리고 오늘이 10년이 된 해입니다. 그런데 저는 아직도 하나님이 누구신지를 모르겠습니다. 그뿐 아니라 성경이 어떤 책인가도 감이 잡히지 않습니다. 그래서 고민입니다. 계속해서 교회에 다녀야 할지, 말아야 할지……."

저는 그 장로님의 이야기를 들으면서 낭패감을 느꼈습니다. 허탈하다고나 할까요? 그 한 사람을 하나님께로 인도하기 위하여 십여 년이 넘도록 온 정성을 다했는데, 하나님이 누구신지, 성경은 어떤 책인지조차 감도 잡지 못했다는 말에 속이 다 허물어져 가는 것 같았습니다. 이것은 누구의 잘못인지를 따지기 전에 오늘 기독교의 현실이기 때문이었습니다.

몇 년 전, 미국 신학교의 목사 계속교육을 강의하던 교수로

부터 신앙의 초보자들을 위한 교육 자료가 있으면 소개해 달라는 부탁을 받은 적이 있었습니다. 그런데 아무리 생각해 보아도 생짜들을 위한 책자도 없고, 그들을 교육하는 프로그램도 없다는 것을 알게 되었습니다.

그러다가 이번에 양형모 장로님이 저술하신 "생짜"를 받게 되었습니다. 이 책을 읽으면서 '눈물겹도록' 부끄러웠습니다. 생짜는 마치 북풍한설을 혼자 견디며 들녘에 서 있는 어린 양 같다는 생각이 자꾸만 들었습니다. 결국 사나운 짐승에게 잡혀 죽거나 어디론가 사라져 버렸을 외로운 양의 모습이었습니다. 양 장로님이 들려주신 이야기가 바로 그런 이야기였습니다.

신앙의 초보자들이 믿음을 받아들이기 어려워서 고민하다가 우리 목사들을 찾아와 물었을 때, 뭐라고 대답했던가를 회상해 보았습니다. "그냥 믿어요, 믿으면 됩니다"라고 퉁명스럽게 대답하거나 또는 "시간이 가면 다 알게 됩니다. 인내하고 기다려 보시지요"라고 말하면서 그들을 대하지 않았는가? 그뿐인가! 믿어지지 않는다고 말하는 사람들을 보면, 믿음이 없다고 정죄하지는 않았는가?

양형모 장로님은 미국에서 저와 몇 년 동안 같은 교회를 섬겼던 분이셨습니다. 양 장로님은 기도의 사람이었고, 하나님을 위하여 늘 가슴이 뜨거웠던 장로님이셨고, 특별히 사람들의 영혼을 지극히 사랑하셨던 분이시었습니다. 그래서 사업을 제쳐두고 2년간이나 아프리카 대륙을 자비량으로 누비며 선교에 몸을 바치기도 하셨던 분이셨습니다.

처음 이 책을 쓰고 싶다고 하셨을 때 나는 대수롭지 않게 생각했습니다. '과연 그런 내용으로 책이 될까?' 너무나 방대한 분야이기 때문에 쉽지 않으리라 생각했습니다. 그러나 거의 완성되어 가는 책 내용을 읽으면서 이 책이 한국교회에 큰 역할을 할 수 있겠다는 생각이 들었습니다. 생짜들에게만 아니라, 성도라는 가면을 쓰고 성도의 육신 안에 숨어 살고 있는 생짜들에게 더 필요하다고 느꼈습니다.

이 책은 필자가 생짜가 되어 그 입장에서 기독교나 교회를 바라보면서 새 신자들이 알고 싶어 하는 내용들을 질문해 보고, 또 그들이 알기 쉽게 거기에 대답하는 형식으로 기록된 책입니다. 이런 형식으로, 처음 교회에 발을 딛기 시작하면서 세례 받고 하나님의 자녀가 되기까지의 과정을 자세하게 진술해 놓았습니다. 전도자나 구역 책임자들이 이 책을 읽고 함께 토론하거나, 초신자들과 함께 읽고 설명해 준다면 좋은 신자로 성장할 것이라 믿어 의심치 않습니다.

지금은 우리 모든 크리스천들이 생짜로 돌아가서 자신들을 성찰해야 할 때라고 생각됩니다. 한국교회는 기초부터 차분하게 정리해 보아야 합니다. 그리고 이제는 하나님의 자녀가 되어 다시 일어나야 할 때입니다. 교회 안에는 교회 다닌 지 몇 년, 아니 몇 십 년이 지나서도 아직까지 생짜로 남아 있는 사람들이 많이 있다는 사실을 우리는 알고 있습니다.

온 정성을 다해서 이런 귀한 책을 저술하신 양형모 장로님에게 진심으로 감사를 드리며, 이 책이 한국교회를 새롭게 변화시키는 귀한 자료가 되었으면 하는 바람을 담아 이 책을 간곡히 추천하는 바입니다.

이연길 목사(빛내리교회 원로)

신앙의 문턱을 밟는 이에게 건네는 이야기

이 책은 신앙의 언어를 모르는 한 여인이 질문하고, 의심하고, 웃으며, 결국 하나님의 품 안으로 걸어 들어가는 이야기입니다. 단순하지만 진솔한 대화, 질문과 깨달음의 과정 속에서 믿음이 어떻게 현실의 삶 속에서 자리잡는지를 보여줍니다. 회심 스토리를 넘어 인간 내면의 상처와 회복, 질문과 깨달음을 정직하게 그려냅니다.

신앙의 첫 발걸음을 내딛는 한 여인의 여정을 통해 하나님께서 한 영혼을 어떻게 만나 주시는지를 따뜻하게 보여주며, 신앙을 처음 시작하는 이에게는 길잡이로, 연륜이 있는 신자에게는 '첫사랑의 떨림'으로 다가옵니다.

따뜻한 복음의 이야기로 당신을 초대합니다.

김학겸 목사(새순교회 담임)

일상의 언어 속에 녹아 있는 믿음의 숨결

양형모 선교사의 《생짜》는 신앙의 길을 처음 걸어가는 한 사람의 이야기를 따뜻하게 담아낸 작품입니다.

주인공 김은희는 특별한 계기 없이 어느 날 불현듯 교회의 문을 열고 들어섭니다. 그러나 그 '불현듯'의 순간은 우연이 아니라, 하나님께서 조용히 마음의 문을 두드리신 부르심이었음을 독자는 자연스레 느끼게 됩니다.

이 작품은 믿음의 첫걸음이 얼마나 소박하고도 귀한 일인지를 보여줍니다. 교회 공동체 안에서 김은희가 처음으로 '성령'과 '구원', 그리고 '죄'라는 단어들을 마음에 새겨 가는 과정은, 신앙이 지식이 아니라 마음의 눈이 열리는 경험임을 깨닫게 합니다. "교회에 와서 괜히 죄인이 되어버린 것 같다"라는 김은희의 고백은, 신앙의 시작이 언제나 자기 자신의 내면을 스스로 정직하게 바라보는 데서 비롯된다는 사실을 담담히

일러줍니다.

양 선교사의 글은 신학적인 설명보다, 일상의 언어 속에 녹아 있는 믿음의 숨결을 담담히 전합니다. 그 안에는 신앙의 미숙함과 두려움, 그리고 그럼에도 불구하고 하나님을 향해 나아가려는 순수한 마음이 고요하게 흐르고 있습니다.

《생짜》는 한 인간의 회심 이야기를 넘어, 하나님 안에서 새로 태어나는 영혼의 순간을 진솔하게 그려냅니다. 작가는 신앙의 여정을 멋으로 꾸미지 않고, 있는 그대로 보여주며, 그 속에서 하나님의 은혜가 어떻게 사람을 변화시키는지를 잔잔하게 증언합니다.

이 작품은 신앙생활을 처음 시작하는 이들에게는 따뜻한 길잡이가 되고, 오래 신앙생활을 해온 이들에게는 잊혀진 첫사랑을 떠올리며, 다시 영적 변화의 출발점이 되게 합니다. 조용하지만 깊은 울림을 주는 신앙의 이야기 《생짜》, 그 순결한 진심을 모든 독자에게 기쁘게 주전합니다.

나두호 목사(전 미주갈보리복음교회 담임)

은혜를 사모하는 성도로 변해 가는 삶의 여정

사모하는 영혼에게 만족을 주시며 주린 영혼에게 좋은 것으로 채워 주시는 하나님을 경험하고 그 은혜를 맛보아 알기까지 참 오랜 시간이 걸렸습니다. 그냥 교회에 열심히 출석하고 성경공부 모임이나 구역예배에 열심히 참여하고 십일조 생활을 열심히 하는 것으로 모범 교인인 줄 착각했습니다.

세상적으로는 사업에 성공한 사람으로 자긍심을 가지고 있었지만 삶 속에서는 마음의 여유도 없었고 항상 채워지지 않는 무엇이 있었습니다. 성경에 대한 지식은 쌓여 갔지만 일상 삶에서 성격과 성품은 여전히 변화되지 않는 자아를 보면서 문득 이렇게 살아서는 안 되겠다는 생각이 들었습니다.

"주님! 내 영혼이 정결하게 되기 원합니다." 이렇게 고백한 후부터 하나님께서 나를 다루시고 만지기 시작하셨습니다. 그 후 나의 삶에 놀라운 변화가 시작되었습니다. 갈급한 내 영혼은 간절하게 주님께 매달리며 변화의 은혜를 간구했습니다. 매일 4-5시간씩 기도하며 매달렸고, 드디어 기다리던 성령님께서 나에게 찾아오셨습니다.

성령을 체험한 나의 매일매일의 삶은 기쁨과 감사가 넘쳤습니다. 말씀을 간절하게 사모하며, 주님과의 친밀한 교제를 이어갔습니다. 주님께 가까이 가면 갈수록 나는 말할 수 없는 죄인임을 깨닫게 되었습니다. 회개하고 또 회개하며 한동안 눈물을 달고 다녔습니다.

구원의 확신이 들자, 일상생활 속에서도 기쁨과 감사가 넘쳤습니다. 주님은 환상과 꿈으로 많은 비밀스러운 것들을 보여 주셨고, 성령님께서는 말씀을 하나하나 풀어 주셨습니다. 말씀을 읽는 것이 마치 꿀송이처럼 달게 느껴지기 시작했습니다.

말씀 안에 은혜가 있고 지혜가 넘치는 것을 발견하게 되었습니다. 용서할 수 없는 사람을 용서하게 되고, 사랑할 수 없는 사람도 껴안고 사랑하게 되는 경험을 하면서, 나의 삶도 풍성해졌습니다.

그럴수록 마음 한편에서는 안타까움과 애통함이 자리를 넓혀 가고 있었습니다. 주위에 아직도 구원받지 못한 많은 영혼들, 그 은혜 안에 들어오지 못하는 사람들로 인한 것이었습니다. 은혜의 자리로 들어오라는 주님의 손짓을 외면하는 많은 영혼을 애통해하는 주님의 얼굴도 보였습니다.

그러다가 김은희가 떠올랐습니다. 생짜인 김은희가, 그리스도가 누구인지 모르는 세상 사람에서 간절히 은혜를 사모하는 성도로 변해 가는 삶의 여정은 나의 삶이었고 오늘을 살아가는 우리 모두가 가야 할 좁은 길인지도 모릅니다.

이 책이 나오기까지 많은 분들의 수고를 기억합니다. 존경하는 이연길 목사님은 고령에도 불구하고 끊임없이 저술하시며, 세미나와 강의를 열정적으로 하고 계셔서 저에게 늘 도전과 용기를 주셨습니다. 김학겸 목사님과 나두호 목사님의 조언과 멘토는 책의 완성도를 높여 주셨습니다. 김병선 소설가는 내용이 매끄럽고 세련되도록 수정과 편집을 해 주셨고, 특별히 제가 좋아하는 수채화 삽화를 넣어 주셔서 아름다운 책이 만들어졌습니다.

이외에도 도움을 주신 모든 분들에게 감사드립니다. 특히 처음 쓰는 책이 나오기까지 조바심으로 옆에서 응원해 준 아내 윤은경 권사에게도 사랑의 마음을 전합니다.

2025년 11월

곱게 지는 낙엽길을 걸으면서

양형모

차례

추천의 말

이연길 목사 • 2
김학겸 목사 • 7
나두호 목사 • 8

지은이의 말

양형모 • 10

생짜

발걸음이 향한 곳 • 17
붙들리다 • 27
복된 소식을 기록한 책 • 37
다 큰 어른이 거듭난다니 • 47

내가 무슨 죄인? • 57

상처가 회복되다 • 67

은혜를 맛보다 • 83

용서와 화해의 물결 • 95

성령의 은사 • 117

시험을 물리치다 • 131

삶의 언어를 바꾸다 • 139

방언으로 기도하다 • 149

삶의 주인이 바뀌다 • 161

편집자의 말

김병선 • 165

발걸음이 향한 곳

봄비가 부슬부슬 오는 4월의 어느 날 아침, 김은희는 무엇엔가 이끌리듯 옷매무새를 단정히 하고 투명 우산을 들었다. 빌라 앞 정원에는 봄을 알리는 개나리가 노랗게 만개해 있었고, 철쭉은 막 빨간 꽃망울을 터뜨리려 하고 있었다.

이웃 박미애가 창문을 열고 힐끔 쳐다보며 말을 건다.

"아이고, 그리 곱게 꾸미고 어디 가요? 비도 오는데…."

어딘가 마음을 들킨 것 같아 김은희는 정색한다.

"아, 네. 저… 오늘 교회에 한번 가 보려고요."

박미애는 고개를 갸우뚱한다.

"생전 안 가던 교회는? 갑자기 무슨 바람이 불었어?"

사실 김은희 자신도 정확히 이유를 설명할 수 없었다. 전날

밤 꿈에서 먼저 세상을 떠난 남편이 환하게 웃으며 교회 계단 위에서 손짓하는 모습을 본 것도 있고, 오랜 팬데믹 동안 집에만 갇혀 있던 마음이 갑자기 어디론가 향하고 싶어진 탓도 있었다.

"교회에서 점심도 준다고 하고 좋은 이야기도 해 준다고 해서요."

그녀는 말끝을 흐렸다. 말은 그렇게 했지만, 이상하게도 마음속 깊은 곳에서부터 누군가 자신을 부르고 있는 것 같았다. 어린 시절 친구 따라 동네 교회에 몇 번 갔던 기억이 떠오르기도 했다. 선생님이 나누어 주던 과자와 선생님이 보여 주던 찬양 차트도 희미하게 떠올랐다. 이후 서울로 이사 오고 부모님의 불교 신앙 탓에 교회와는 멀어졌지만, 그때 코흘리개 친구들과 몰려다니던 기억만은 남아 있었다.

그동안 코로나 팬데믹으로 꼼짝없이 집에만 갇혀 있다 보니 어디론가 가서 사람들을 붙잡고 실컷 하소연이라도 하고 싶은 마음이 생겨서 갑자기 교회로 향했는지도 모른다.

그 교회는 평소 지나다니기만 하던 곳으로 붉은 벽돌로 둥글게 지은 교회다. 한쪽은 배의 돛처럼 솟아올라 있고 꼭대기에는 십자가가 달린 좀 특이한 형태의 건물이었다. 지난밤 꿈속에서 죽은 남편이 환하게 웃으며 그 교회 계단에 서서 오라고 손짓하는 모습을 보았다. 꿈 때문인지도 모르지만, 자신도 모르게 갑자기 교회로 발걸음을 향하고 있었다.

“어서 오세요. 처음 뵙는 분 같네요?”

“아! 네, 오늘 처음입니다.”

“그러세요? 처음 오신 거라면, 여기 등록카드를 좀 작성해 주시겠어요?”

‘정선자’라는 명찰을 붙인 여자 전도사는 놓칠세라 새 신자 등록카드를 들이민다.

“이건 다음에 하면 안 됩니까? 잘 몰라서요.”

“그냥 적어 내시면 선물도 주고, 환영도 하고요. 또….”

김은희는 선물이라는 말에 귀가 번쩍 뜨여 카드를 덥석 집어 들어 작성하고 말았다.

사실 환영이라는 말도 매우 낯설었다. 어디에서도 정식으로 환영 같은 것을 받아 본 적이 없는 김은희는 어색하면서도 묘하게 마음이 따뜻해지는 것 같았다. 사실 집을 나설 때만 해도 첫날이니 한쪽 구석에서 조용히 예배 분위기를 느끼고 가겠다고 마음먹었는데, 그 계획은 어느새 흐트러진 것이다. 본인이 공짜를 좋아하는 것을 누가 교회에다 알리기라도 한 것 같았다.

원래 김은희는 좀 뻔뻔한 데가 있고 마음이 순진하다고나 할까? 아니면 너무 몰라서 당돌하게 엉뚱한 질문을 잘한다고 할까? 아마도 두 번째 표현이 맞을지도 모른다. 엉뚱한 질문을 당돌하게 잘해서 주위 사람들을 잘 웃기기도 했고, 하도 생각 없이 앞뒤 가리지 않고 질문을 해대서 '무뇌인'(뇌가 없는 사람)이라고 친구들이 놀려대기도 했다.

그렇게 엉뚱한 질문을 하는 그녀를 모두가 좋아했다. 질문 자체는 우스운 것이지만, 정작 질문을 하는 본인은 매우 진지하기 때문이었다. 또한 순진하고 순박한 산골 처녀처럼, 때 묻지 않은 사람처럼 생긴 덕분일 것이다.

대충 새 신자 등록카드를 적어 주고 안내를 받아 자리에 앉았다. 교인들이 서로 인사하며 아는 체하는데 김은희는 멀뚱하니 고개를 좌우로 돌리며 교회 장식과 분위기를 살피며 혹시나 아는 사람이 있나 살펴보았다.

잠시 후 강당에 누군가 기타를 어깨에 메고 올라와 마이크 높이를 조절하였다.

"함께 찬양하겠습니다."

기타 연주와 함께 키보드, 그리고 드럼 반주가 마치 공연장 같다는 생각이 들었다.

하늘에 가득 찬 영광의 하나님
온 땅에 충만한 존귀하신 하나님

무슨 말인지 이해가 잘 되질 않았다. 도대체 영광은 뭐고,

하나님의 영광이 하늘에 가득 차 있다니? 교회 다니는 사람들의 눈은 신령해서 뭔가 보이나 보다 생각했다. 처음 듣는 찬양 가사들이 다소 생소했지만, 그녀는 눈치껏 입 모양을 따라 하며 분위기를 익혔다.

예배가 시작되고 광고 시간에 새 신자 소개라면서 자기 이름을 불러 김은희는 깜짝 놀랐다. 누군가가 와서 꽃을 가슴에 달아 주었다.

"우리 교회에 오신 것을 환영합니다. 그리고 이건 조그만 선물입니다."

김은희는 마치 자기가 막 데뷔한 연예인이나 된 것 같은 생각이 들었다. 일어나서 사방으로 꾸벅꾸벅 인사하고 얼른 앉았다.

예배 중간 헌금 시간이 되었을 때 김은희는 속으로 생각했다. '어머, 사람들이 돈을 모아서 목사님께 갖다드리네? 그래서 전도를 그렇게 열심히 하는 건가? 좋은 비즈니스 같기도 하네.' 이런 생각을 하면서도 마음 한편에 왜 자신이 이 자리에 앉아 있는지, 무엇에 이끌려 이 교회에 오게 되었는지 하는 의문이 자리 잡고 있었다. 김은희는 예배 시간 내내 속으로 수많은 상상과 질문을 던졌다.

그날 설교 제목은 '성령께서 주신 옷을 입다'였고, 성경 내용은 이사야서였다.

내 영혼이 나의 하나님으로 말미암아 즐거워하리니 이는 구원의 옷으로 내게 입히시며 공의의 겉옷을 더하심이 신랑이 사모를 쓰며 신부가 자기 보물로 단장함 같게 하셨음이라(이사야 61장 10절),

세상에서는 들어보지 못했던 영혼, 구원, 공의라는 단어들이 나오는데 무슨 뜻인지 이해가 되지 않았다. 단지 성령님이 누군지 모르지만, 대단한 능력을 갖춘 존재처럼 느껴질 뿐이었다. 언젠가 한번 만나보고 싶다고 생각했다.

예배가 끝나고 사람들이 모두 지하실 쪽으로 몰려가고 있었다. 그냥 휩쓸려 내려가면 그곳에서 점심을 주나 보다 싶었다.

“저기요, 이쪽으로 오셔요.”

처음 교회에 들어섰을 때 맞이해 준 정선자 전도사였다.

“여기에 줄 서실 필요 없어요. 저기 새 신자 방에 점심을 준비해 놓았으니 저기서 드세요.”

“아, 네. 감사합니다.”

정선자 전도사를 따라간 곳에는 몇 명의 새 신자들이 있었다. 식탁엔 이미 국수 그릇이 여러 개가 놓여 있었다. 아직 김이 모락모락 올라오고 있는 것으로 보아 조금 전에 누군가 갖다 놓은 것 같았다. 뭔지 모르지만 교회가 조직적으로 잘 훈련되어 돌아가는 것 같다는 생각이 들었다.

"자, 맛있게 드세요. 우리 교회 국수는 정말 알아주는 국수입니다."

정말 유명 식당에서 파는 국수처럼 보였다. 이 많은 성도들 점심을 어떻게 준비하나 하는 궁금증이 들었다. 국수는 정말 별미처럼 맛있었다. 먹으면서 선물에 대해 궁금한 생각이 들어 종이봉투를 살짝 열어보았다. 하얀색 세수수건인데, 교회 이름이 프린트로 찍혀 있는지 석유 냄새가 올라왔다.

점심 식사가 끝나자 어떤 여자분이 말을 시작했다.

"안녕하세요? 저는 새 신자 담당 박진숙 집사입니다. 여러분을 환영합니다."

첫인상으로 그녀의 얼굴에 '나는 진국입니다'라고 쓰여 있는 것 같았다. 표정이 아주 진지하고 태도는 신실하게 보였다.

"우리 교회에 대해서 아직 익숙하지 않으실 거예요. 교회에 대해서나 예배 혹은 행사, 모임, 성경공부 등 궁금한 것이 있으시면 저에게 언제든지 물어보세요. 자, 그러면 돌아가면서 먼저 자기소개부터 하실까요? 이쪽부터요."

박 집사는 김은희를 쳐다보며 자기소개를 하라고 턱을 끄덕였다.

"아! 네 저는 김은희입니다. 교회는 오늘 처음입니다. 가족은 아들과 둘이 살고 있고, 딸은 결혼하여 독립해서 살고 있습니다. 이수역 근처에 삽니다. 잘 부탁드립니다."

김은희는 얼렁뚱땅 자기소개를 하고 나서 또 어떤 사람들이 새로 교회에 나왔는지 궁금했다. 그러나 자기처럼 생짜는 아무도 없는 것 같았다. 이사를 오거나 먼 곳으로 교회를 다니다 집 가까운 교회로 옮긴 신자도 있고, 자녀들을 따라 교회에 나온 부모들도 있었다.

"감사합니다. 다음 주부터는 오늘 오신 분들과 또 몇몇 새신자분들과 함께 새 신자 성경공부를 이 자리에서 하게 됩니다. 예배 끝나고 바로 이곳으로 오시면 점심을 준비해 놓겠습니다."

김은희는 공부라는 말에 살짝 마음속에서 거부반응이 일어났다. 공부에는 별 취미도 없고, 담쌓은 지가 오래되었기 때문이다. '교회까지 와서 공부하다니?' 얼떨결에 여기까지 와서 공짜 점심도 먹고 선물도 받긴 했지만, 공부라는 말에 마음이 반쯤은 교회에서 떠나 버렸다. 머릿속에서는 벌써 무슨 핑계를 대고 성경공부에 빠질까 하는 계산이 분주했다.

집으로 돌아오는 길에 박미애와 마주쳤다. 그녀는 시장에서 장을 보고 돌아오는 길이었다. 박미애는 김은희의 가슴에 꽃이 달린 것과 손에 선물 백이 들려 있는 것을 보고서는 김은희를 위아래로 훑어본다.

"교회 가서 엄청 좋았나 보네?"

약간은 부러움과 질투가 섞인 말투다.

"네, 좋은 이야기도 듣고, 점심도 먹고, 선물도 받았어요. 뭐 공부도 시켜 준다는군요."

"공부? 이 나이에 공부는 뭔 공부? 난 관심 없습니다."

"언제 한번 같이 가요."

아는 사람이 없어서 서먹서먹했는데 함께 가면 좋겠다 싶어 벌써 전도자가 되어 버린 김은희는 마음에 없는 소리를 하고 말았다. 마음속에선 '나도 공부는 질색입니다'라고 말하고 있었다. 그러나저러나 다음 주 성경공부를 어떻게 하면 빠질 수 있을까. 머릿속에선 궁리하느라 바쁘다. 성경공부 같은 건 절대 안 하겠다고 결심을 다진다. 무언가 교회에 가서 배우려는 마음보다는 사람들이 왜 교회로 모이는지 그 비밀들을 알아보겠다는 마음도 한구석에서 일어나고 있었다.

붙들리다

"여보세요?"

"네, 김은희입니다."

"안녕하세요? 저 새 신자반 담당 박진숙 집사입니다."

"네, 안녕하세요? 웬일이세요."

"괜찮으시면 커피 한잔 해요. 근치에 분위기 좋은 카페가 새로 생겨서요."

"아, 네. 거기 알아요. 저도 한번 가 보고 싶었는데……. 좋아요. 그럼, 거기서 한 시간 후에 뵐까요?"

김은희는 그동안 코로나 팬데믹으로 갇혀 있었고 다른 사람들과 소통하지 못해서 매우 외로운 상태였다. 만나자는 사람도 없었는데 마침 누가 만나자고 하니 '좋아요'라는 대답이 곧바로 튀어나온 것이다.

박 집사는 교회에서 정말 진국 같은 교인으로 소문나 있다. 평신도이기는 해도, 새 신자가 오면 마치 불도그 개처럼 한번 물었다 하면 절대로 놓치지 않았다. 그러니까 박 집사한테 김은희가 물린 것이다.

박 집사는 남편이 중소기업을 경영하는데 사업이 잘되어 경제적으로 여유가 있는데다, 아이들도 다 커서 첫째 아들은 대기업에 다니고 둘째 아들은 대학교 2학년에 다니고 있다. 박 집사는 한때 유방암 말기로 죽을 고비를 겪었으나 믿음으로 이겨 낸 사람이었다. 아픈 몸을 이끌고 매일 새벽기도에 나가 정말 죽기 살기로 하나님께 매달렸다.

처음에는 "하나님, 왜 하필이면 접니까? 이제 좀 살아보려 하는데 도대체 제가 뭘 잘못했다고 이러십니까?" 하면서 하나님에게 따지기도 하고 원망도 하다가, 마지막에는 하나님에게 사정해 보기도 했다. "하나님, 아이들이 아직 어린데 제가 죽으면 이 아이들은 누가 돌보라고 이러십니까? 저도 아직 할 일이 많아요. 제발 살려 주세요." 이렇게 기도하면서 하나님께 매달렸다.

40일 새벽기도를 작정하고 다니던 어느 날 기도 중에 갑자기 환상이 보였다. 지금까지 살아온 모습이 영화같이 보이는 게 아닌가? 어릴 때 부모를 속이고 용돈을 타내던 일부터, 사람들 앞에선 착한 사람처럼 행동했지만 실제로는 딴마음을 품고 있었던 일 등이 보였다. 이렇게 적나라하게 자신의 허물이 드러났다.

“하나님 아버지, 제가 잘못했습니다. 허물과 죄가 이렇게 많은 죄인인 줄 몰랐습니다. 그동안 제 중심으로 살았던 것 회개합니다. 또 남들에게 베풀지 못하고 저만을 위해 살아온 이기적인 마음도 회개합니다. 세상과 벗하며 하나님과 세상을 겸하여 섬겼던 것도 회개합니다. 저의 이익을 위해서 거짓말을 했던 것도 회개합니다. 부모에게 거역하는 말을 하고 순종하지 못했던 것도 용서해 주시옵소서. 친구들을 모함하고 시기하며 질투했던 것도 용서를 빕니다. 하나님 말씀대로 살지 못하고 불순종한 것을 회개합니다. 사람들을 정죄하고 외모로 판단했던 모든 잘못들을 회개합니다. 저의 모든 죄를 생각할 때 마땅히 죄로 죽을 수밖에 없는 죄인입니다. 이제 하나님이 데려가신다고 해도 저는 순종하겠습니다. 그러나 하나님 아버지, 저는 정말 죽기 싫어요. 하나님, 한 번만 살려 주세요. 저를 살려주시면 주님께 제 목숨을 다 바쳐서 주님을 위해서 살겠습니다. 그리고 저희 남편과 온 집안 식구를 다 전도해서 교회로 인도하겠습니다.”

그렇게 울면서 40일을 작정하고 새벽기도를 하던 마지막 날, 드디어 하나님의 음성이 들렸다.

"사랑하는 딸아! 내가 네 기도를 다 들었다. 네 기도처럼 이제 너는 나를 위해 살아라. 너를 사랑한다."

이 음성을 듣고 난 후 가슴이 뜨거워지더니 뭔가가 녹아서 나가는 느낌이 들었다. 예정대로 수술하려고 사전 엑스레이(X-ray) 검사를 했는데, 판독하는 의사가 무언가 잘못된 것 같은 표정을 지으며 물었다.

"유방암 진단이 맞아요? 혹시 무슨 약을 먹었어요? 아니면 무슨 일이 있었어요?"

박 집사는 의사에게 자기의 경험을 담담하게 이야기해 주었다. 의사는 유방암이 이제는 흔적도 없이 사라졌다며, 이것은 하나님이 치료해 주신 게 분명하고 기적이라고 흥분한 말투로 설명했다.

그 후로 박 집사는 자신이 서원한 대로 거의 교회에서 살다시피 했다. 살아 계신 하나님을 전하기 위해 전도사보다 더 열심히 전도하였다.

박 집사는 먼저 와서 조용한 구석 자리에서 기다리다가 김은희를 보고 손을 흔들며 일어섰다.

"여기요."

"와 주셔서 감사합니다."

김은희는 박집사의 두 손을 꼭 잡으며 이렇게 말했다.

"제가 고맙지요, 초청해 주셔서. 그리고 저도 궁금한 것이 너무 많아서…."

김은희는 말꼬리를 흐렸다. 막상 물어보려고 하니 자기 자신이 교회와 성경에 대해 무지한 것이 드러날 것만 같았다. 김은희는 일단 카페를 한번 둘러보고 나서, 자기가 좋아하는 아기자기한 유럽풍 디자인이라며 흐뭇한 표정을 지었다.

"분위기 참 좋네요."

그리고 메뉴판을 짚는다.

"저는 라떼 커피로 할게요. 그리고 오늘은 제가 내겠습니다."

"아니요, 제가 초청한 건데요. 다음에 사세요."

박 집사는 사실 커피 맛이나 분위기 같은 것에는 관심이 없다. 단지 앞에 있는 김은희를 어떻게든 잘 양육해서 신실한 신자로 만들어 가는 것, 자기가 경험한 하나님의 크신 사랑을 잘 믿게 하는 것에 더 관심이 있었다.

박 집사가 계산대로 가서 차를 주문하고 자리로 돌아왔다. 차와 커피를 기다리며, 박 집사는 김은희의 표정을 살폈다. 김은희는 누가 자기를 초대해 준 것에 약간 흥분되어 있었다.

"그동안 잘 지내셨어요?"

"아, 네. 잘 지냈습니다."

"교회를 처음 나오셨다고 하셨는데 어떠셨어요?"

"저는 하나도 모르겠더라고요. 그냥 찬양이 세상 노래하고 다르게 좋더라고요."

"그런데 우리 교회는 어떻게 오시게 되었어요?"

박 집사는 처음 교회 나오는 사람이 전도한 사람도 없이 제 발로 혼자 교회에 나온 것이 매우 궁금했다.

"네, 저도 어떻게 나가게 된 것인지 모르겠습니다. 불현듯 교회에 가야겠다는 생각이 들어 무엇에 끌려가듯 갔습니다."

"참 흔하지 않은 일이네요."

"저도 누구한테 홀린 것 같은 생각이 들었어요."

"김은희 성도를 하나님께서 무척 사랑하시는가 봅니다. 성령님께서 인도하신 것 같아요."

주문한 차와 커피가 나왔다는 신호가 울렸다. 차를 가지러 가는 박 집사를 김은희가 따라가며 물었다.

"성령님?"

그가 누구인지 궁금했었는데 마침 그 성령께서 자기를 인도하셨다니... 마음속으로 궁금하게 생각하며 차와 커피를 가져오는 박 집사를 따라 다시 자리에 앉았다.

"저… 물어볼 게 있는데요?"

김은희가 조심스럽게 말을 꺼낸다.

"네, 물어보세요. 잘 아는 것은 없지만…."

박 집사는 의자를 앞으로 약간 당겨 앉았다. 김은희가 궁금한 것이 많아 계속해서 질문하는 것이 마음에 들었다.

"방금 말씀하실 때 성령님이 인도하셨다고 했는데 성령님이 누구세요? 예배 시간에도 그분 얘기가 많이 나오던데 어떤 분이신지 궁금해요. 그분에 대해 잘 아세요?"

박 집사는 김은희의 질문에 속으로 '이분 진짜 완전히 생짜구나' 하는 생각이 들었다. 완전 초짜들이나 할 법한 질문을 거침없이 하는 김은희를 보면서 속으로 나오는 웃음을 참으며 마음을 잡고 진지하게 설명하기 시작했다.

박 집사가 자기의 엉뚱한 질문에 진지함을 보여준 것에 대해 김은희는 고마움을 느꼈다.

"전에 교회 다녀 보신 적이 있나요?"

"철들고는 처음입니다."

"아, 그러시구나. 그러니까 성령님은 사람이 아니고, 하나님의 영이세요. 성령 하나님을 말하는 것이에요. 혹시 삼위일체에 대해 들어보셨나요?"

"네, 들어본 거 같은데 영어 참고서 그런 거 아닌가요?"

확신이 없어 말꼬리를 뺀다.

"네, 삼위일체라는 영어 참고서가 있었지요. 저도 그 책으로 영어 공부했어요. 그런데 교회에서 이야기하는 삼위일체는 성부 하나님 아버지와 성자 예수 그리스도와 성령님이 하나라고 해서 삼위일체인 것입니다. 성령님은 영이시고 인격체이기 때문에 성령님이라고 부릅니다."

김은희는 머리가 복잡해졌다. 괜히 질문을 해서 자신의 무식이 탄로 난 것 같아 약간은 창피함도 느꼈다. 질문이 더 많았으나 교회에 대해 자기의 무지함이 더 드러나는 것이 싫어서 목구멍까지 올라온 질문을 참았다. 박 집사는 상대가 초신자라 잘 이해하지 못하는 것을 알아채고 차 한 모금을 마치 갈증이 난 사람처럼 들이키고는 다시 말을 이었다.

"그러니까 이 세상을 창조하신 하나님이 자신을 세 분의 하나님으로 나타내셨습니다. 하나님 아버지, 하나님 아들, 성령 하나님이신데, 이 세 분은 동등하시며 거룩하시고 영원하신 분이십니다."

김은희는 이해가 될 듯도 하고 되지 않기도 한 미묘한 표정을 지었다. 셋인데 하나라고 하는 듣지도 보지도 못한 셈 방식이 나오니 머리가 더 복잡해지는 것 같다. 거기에다가 아버지도 하나님, 아들도 하나님, 성령도 하나님이라고 하니…. 김은희가 참다가 못해 그녀 나름대로 논리를 편다.

"아니, 이런 촌수가 어디 있습니까? 아버지하고 아들하고 똑같은 촌수가 어디 있습니까?"

"그러니까 사람의 아들이 사람인 것같이 하나님의 아들도 하나님이십니다. 그리고 이 세 하나님이 하시는 역할이 서로 다릅니다."

박 집사는 성경책을 들고 어딘가를 찾는다.

"어디 보자… 마태복음. 여기 이렇게 쓰여 있습니다."

예수께서(하나님의 아들) 세례를 받으시고 곧 물에서 올라오실 때, 새 하늘이 열리고 하나님의 성령이 비둘기같이 내려 자기 위에 임하심을 보시더니, 하늘로부터 소리가(하나님 아버지의 소리) 있어 말씀하시되 이는 내 사랑하는 아들이요, 내 기뻐하는 자라 하시니라(마태복음 3장 16-17절).

"하나님의 아들, 하나님의 성령, 하나님 아버지 세 분이 나오시지요? 요한복음에는 성령의 하시는 역할에 대해서 이렇게 쓰여 있습니다."

보혜사 곧 아버지께서(성부), 내(성자 예수) 이름으로 보내실 성령 그가 너희에게 모든 것을 가르치고 내가 너희에게 말한 모든 것을 생각나게 하리라(요한복음 14장 26절).

"삼위(三位)가 이렇게 서로 다른 역할을 하십니다. 마치 해가 있으면 햇빛이 있고 태양열이 있는 것과 같습니다."

"저는 아직은 잘 이해가 안 가네요."

"처음이라 그러실 거예요. 조만간 이해하시게 되겠죠."

복된 소식을 기록한 책

"그럼, 그런 기록이 나오는 성경은 누가 쓴 건가요?"

알면 알수록 궁금한 것이 더 많아진다는 것을 느끼는 것 같다. 박 집사는 대답을 준비하며 침을 한번 꿀꺽 삼킨다.

"성경은 모두 66권인데요."

"66권요? 사람들은 달랑 한 권 들고 다니던데요?"

"네, 66권인데 그걸 한 권으로 묶어서 만들었어요. 구약이 39권이고 신약이 27권입니다. 쓴 사람이 여러 명이고, 쓴 시기도 다르지만, 모든 성경은 하나님의 말씀으로 하나님의 감동으로 쓰인 것으로 사람에게 준 일종의 편지입니다. 성경을 한마디로 표현하면 하나님이 우리를 얼마나 사랑하시는지를 기록한, 연애편지로 엮은 책이라고나 할까요."

"연애편지라……. 참 기독교는 이해하기 힘드네요. 사람이 썼는데 하나님이 쓰신 것이라 하니까요."

"하나님은 영이시니까 사람의 손을 빌려 하나님의 감동으로 쓰게 하신 거지요. 그래서 하나님의 말씀인 성경은 흠이 없어요. 그리고 성경은 사람들에게 보이지 않는 하나님이 스스로 존재한다는 것을 친히 계시한 글입니다."

"계시요?"

"하나님께서 인간에게 자신을 나타내시는 두 가지 방법이 있어요. 하나는 일반 계시, 다른 하나는 특별 계시입니다."

김은희는 마치 자기가 지금 신학교 교실에서 특별 개인 교수를 받는 기분이 들었다.

"일반 계시는 하나님께서 친히 창조하신 만물을 통하여 자신의 존재에 대해 나타내신 것입니다. 이렇게 창조하신 만물을 통해 그의 존재를 나타내어도 하나님의 뜻이나 계획이나 목적을 사람들이 잘 모르는 경우가 있습니다. 그래서 특별 계시를 통해 하나님이 자신을 드러내십니다. 첫째는 하나님 자신이 인간의 몸을 가지고 이 세상에 오신 예수 그리스도의 성육신이고, 둘째는 하나님의 성경 말씀입니다."

김은희의 많은 질문들에 박 집사는 약간 흥분되었다. 자기가 하나님에 대해 먼저 알고, 배우고, 체험한 모든 것들을 동원하여 김은희에게 다 알려주고 싶은 충동이 일어나고 있었다.

박 집사는 오늘 마치 물고기가 물을 만난 것처럼 적극적이고 능동적인 태도를 보이는 김은희가 한편으로 고마웠다. 또 내심으로 자기가 새 신자에게 필요한 성경 지식을 가지고 있다는 것에 감사했다. 잠시 생각에 잠겨 있는데 김은희의 질문이 이어진다.

"성경에 구약도 있고 신약도 있다고 하는데 어떻게 다른가요?"

"네, 참 좋은 질문을 하셨네요. 짧게 줄여서 말씀드리면 구약 39권은 하나님이 세상을 창조하신 일부터 인류가 하나님께 불순종하고 죄를 지어 에덴동산에서 쫓겨나서, 하나님을 떠나 하나님을 모르고 살던 때의 이야기입니다. 그때 선지자들을 통해 하나님께서 예수 그리스도를 구세주로 이 세상에 보내주시겠다고 약속한 예언의 내용들이 이스라엘의 역사와 함께 기록된 것이 바로 구약입니다.

신약 27권은 예수님이 탄생하신 이후에 예수님과 그의 제자들이 이 땅에서 하신 일들을 기록한 책이지요. 하나님께서 인류를 죄에서 해방시켜 자유케 하시려는 구약의 예언이 성취되었다는 것, 또 예수님께서 우리 죄를 용서해 주시려고 십자가에서 피 흘려 죽으셨다가 3일 만에 부활하셔서 하늘에 오르셨다는 것, 그리고 예수님께서 하나님 우편에 계시다가 심판자로 다시 오시리라는 것을 계시한 말씀이 기록되어 있습니다."

"너무 방대하고 커서 잘 모르겠네요."

"네, 그렇지요. 세상 사람들이 세상일을 말해도 잘 이해하지 못하는데 하나님이 하시는 영적 세계를 이야기하면 이해하기 쉽지 않죠. 그래서 이런 원리를 알도록, 하나님은 성경을 쓰게 하시고, 그 성경에 모든 것을 계시해 놓으셨습니다. 우리 조상 아담과 하와가 죄를 짓고 에덴동산에서 쫓겨나면서부터 사람은 고아가 되어, 하나님과의 대화가 단절되어 버렸지요. 결국 사람은 죄 가운데 살 수밖에 없었어요. 그런 죄인들을 불쌍히 여기셔서 사람과 다시 화합하도록 자기 독생자 아들 예수 그리스도를 이 세상에 보내셔서 사람과 하나님 사이에 다리를 놓아 화합하게 하셨지요. 그리고 우리가 지은 모든 죄를 용서해 주시기 위해서 우리 대신 예수 그리스도를 십자가에 못 박히시고, 그 귀한 보혈의 피를 흘리신 것입니다. 그래서 예수 그리스도를 나의 주, 나의 구세주로 고백하고 믿으면 우리는 죄인에서 하나님의 자녀로 변하여 구원받게 됩니다. 그리고 하나님의 자녀로 죽어서도 부활하여 영원히 천국에서 주님과 함께 살게 됩니다."

"한번 죽으면 그걸로 끝 아닙니까?

"아닙니다. 모든 사람은 한 번은 반드시 죽게 됩니다. 죽으면 심판이 있는데, 예수를 믿지 않고 죽은 사람은 지옥에 가서 영원히 그 뜨거운 유황불 못에서 지내게 됩니다. 그곳은 너무나 고통스러워서 죽으려 해도 못 죽는다지요. 하지만 믿는 우리는 주님과 함께 주님을 찬양하면서 아름다운 천국에서 영원히 살게 됩니다."

지옥과 천국 설명을 들을 때 김은희는 마음속으로 자기가 교회에 오길 잘했다고 생각했다.

"여기 성경 말씀을 보세요."

박 집사는 성경을 줄줄 외우는 것 같았다. 그리고 어느 말씀이 어디에 있는지 정말 빨리 찾아내는 것에 감탄하였다. 세상에서 얘기하는 '도사' 같았다. 어쩌면 그렇게 말씀을 꿰차고 있는지 부러웠다.

내가 진실로 진실로 너희에게 이르노니 내 말을 듣고 또 나 보내신 이를 믿는 자는 영생을 얻었고 심판에 이르지 아니하나니 사망에서 생명으로 옮겼느니라(요한복음 5장 24절).

그는 허물과 죄로 죽었던 너희를 살리셨도다 그때에 너희는 그 가운데서 행하며 이 세상 풍조를 따르고 공중의 권세 잡은 자를 따랐으니 곧 지금 불순종의 아들들 가운데서 역사하는 영이라 전에는 우리도 다 그 가운데서 우리

육체의 정욕을 따라 지내며 육체와 마음의 원하는 것을 하여 다른 이들과 같이 본질상 진노의 자녀이었더니 긍휼이 풍성하신 하나님이 우리를 사랑하신 그 사랑을 인하여 허물로 죽은 우리를 그리스도와 함께 살리셨고 너희는 은혜로 구원을 받은 것이라(에베소서 2장 1-5절).

"요한복음과 에베소서의 말씀처럼 예수를 믿지 않는 사람은 영적으로 죽은 사람이고 마지막 날에 심판을 받게 되지요. 물론 믿는 사람은 구원받고 새 사람이 되는 것입니다."

박 집사는 성경에서 관련 구절을 찾아 읽어주었다.

"허물로 죽었다는 말은 무슨 뜻입니까? 그리고 산 사람을 왜 죽었다고 하지요?"

김은희는 궁금한 것이 나오면 곧바로 질문한다.

"네, 허물로 죽었다는 의미는 이렇습니다. 말씀에서처럼 육체의 정욕을 따라 지내며 육체와 마음의 원하는 것을 하는, 자기중심으로 사는 사람을 육적인 사람이라고 하는데요, 이런 육적인 사람에 대해 그 영이 죽었다고 하는 것입니다."

"그렇군요."

"육적인 사람은 모든 것을 자기중심으로 할 뿐 아니라 하나님의 말씀을 받으려고 하지 않습니다. 그러고는 불의와 불법을 행함으로써 결국은 사망에 이르게 되기 때문에 영적으로 죽은 자들이 되는 거지요. 반면, 예수 믿고 구원받은 사람은 영적으로 산 사람입니다. 그런데 사람은 어떤 행위 즉 선행을 하는 행위로 구원받는 것이 아니고 오직 믿음으로 구원받습니다. 그래서 예수 그리스도를 구주로 믿기만 하면 은혜로 구원을 받는 것입니다."

"저는 그냥 착하게 살면 천당에 가는 줄 알았는데 그게 아니네요."

"그리고 예배 시간에 궁금한 게 하나 생겼어요."

"뭔데요? 말해 보세요."

"네, 교회에 다니면 헌금을 하던데 꼭 해야 하나요? 그리고 얼마를 해야 하는지 모르겠어요."

사실 이 질문은 하지 않으려고 했는데 불쑥 말이 나와 버렸다. 자칫 돈에 대해서 인색한 사람으로 인식이 될까 싶기도 하고, 집안 살림이 넉넉하지도 않은데 의무적이라고 하면 헌금을 내기도 싫을 것 같고, 그렇다고 안 내자니 찜찜할 것 같아서였다.

"헌금을 많이 내야 집사도 되고 권사인가 뭔가도 주고 장로도 되는 것으로 알고 있는데, 그런 것 아닙니까?"

"교회에서는 헌금을 강요하지 않습니다. 하나님은 즐겨내는 자를 좋아하십니다. 죄를 용서해 주시기 위해 예수님께서 십자가에 피 흘려 돌아가신 것이 너무나 감사해서 드리는 것이 헌금이라고나 할까요? 은혜를 많이 받아 감사해서 내는 것이니 자기의 형편과 믿음의 분량대로 내는 것이 옳은 태도입니다. 헌금과 교회 직분과는 아무 관계가 없습니다. 교회의 직분자를 뽑을 때는 성도들이 그들의 믿음을 보고 투표해서 뽑습니다."

"아, 그렇군요. 그런데 헌금을 걷어서 목사님에게 갖다 드리는 것 같던데요?"

"갖다 드리는 것이 아니라, 성도들이 낸 헌금을 하나님께 올려 드리면서 헌금이 하나님 뜻대로 쓰이기를 구하고 헌금을 드린 성도님들을 축복하기 위한 절차이지요."

"그 돈으로 전도사나 목사님들 월급을 주고 남는 것은 목사님 것 아닙니까?"

김은희는 거침없이 묻는다.

"아이고, 성도님! 절대 아닙니다. 큰일 날 소리 하십니다. 목사님은 교인들이 청빙해서 오신 분이고 사례비를 받는 분이시지 교회의 주인은 아닙니다. 교회에 회계 부서가 있어서 돈을 관리하고 교회의 예산과 결산을 일일이 성도들에게 보고하고 허락을 받아 사용합니다. 그 헌금으로 교회 목회자들 사례비를 드리고 관리비도 내고 선교사들도 돕고 가난한 사람들을 구제하고 신학생들에게 장학금도 줍니다. 목사님이 헌금에 관여하는 것은 아닙니다."

"아하, 그렇군요. 제가 잘못 알았네요."

"네, 헌금은 성도들이 모두 자원하는 마음으로 감사해서 하나님께 드리는 예물이구요, 절대로 강요하거나 교회에서 정해주는 것이 아니에요."

"그러면 교회 주인은 누구세요?"

"교회는 성도들 것이 아니고, 목사님이 주인도 아닙니다. 교회는 하나님 것이라고 보면 됩니다."

"아이고, 궁금하던 것들이 많이 해소된 것 같습니다."

김은희는 조금은 이해가 가는지 고개를 끄덕이기도 했다.

"그러니까 이런 것을 잘 이해하고 하나님이 우리를 얼마나 사랑하시는지 알기 위해서 성경공부를 하는 것이니 빠지지 말고 새 신자 성경공부에 꼭 나오셔야 합니다."

"모르는 것이 너무 많아서요."

"그래도 매주 성경공부를 하다 보면 이해하게 되고 세상 사람에서 하나님의 사람으로 점점 변하게 돼요. 걱정하지 마시고 나오세요."

다 큰 어른이 거듭난다니

"이것도 꼭 물어보고 싶었어요. 박 집사님은 하나님의 사랑을 느끼고 계세요? 보이지 않는 분의 사랑을 어떻게 느낄 수 있는지 궁금해요."

"네, 저는 하나님의 사랑을 너무나 많이 받은 사람입니다. 제가 시실은 몇 년 전에 유방암에 걸렸었어요. 병이 깊어서 죽음의 문턱까지 갔었어요. 그런 저를 깨끗하게 치유해 주시고 이렇게 건강하게 해 주신 하나님의 사랑에 대해 언젠가 제 간증을 들을 날이 있으실 거예요."

"엄마야! 좋겠다. 빨리 들려주세요."

김은희는 하나님의 사랑이라는 말에 솔깃했다. 사랑이라는 말은 젊어서 남편이 자기를 따라다닐 때 귀에다 대고 속삭여

주던 이후로는 별로 들어본 적이 없었기 때문이다.

박 집사는 눈이 더 동그래지는 것 같았다. 마치 하나님의 사랑을 혼자 독차지한 사람처럼 마치 "그 사랑에 대해서라면 내가 할 말이 많아요"라고 말하고 있는 표정이다.

"인간은 죄 때문에 영이 죽은 후부터 하나님의 사랑을 이해할 영적 능력이 없어졌습니다. 성령의 조명 없이는 성경을 이해할 수도 없습니다."

박 집사는 가지고 있는 성경을 펴서 김은희에게 보여준다.

기록된바 하나님이 자기를 사랑하는 자들을 위하여 예비하신 모든 것은 눈으로도 보지 못하고 귀로 듣지 못하고 사람의 마음으로 생각지도 못하였다 함과 같으니라 육에 속한 사람은 하나님의 성령의 일을 받지 아니하나니 이는 그것들이 그에게는 어리석게 보임이요, 또 그는 그것을 알 수도 없나니 그러한 일은 영적으로 분별되기 때문이라(고린도전서 2장 9절).

"이 구절처럼 성경에는 하나님이 우리를 사랑하고 계신다는 말씀이 수없이 나옵니다. 그런데도 육의 사람들은 그 크신 사랑을 깨닫거나 느끼지 못합니다."

"아! 그러니까 제가 육에 속한 사람이라는 말이군요. 그래서 뭔 말인지 깨닫지 못하는군요. 그런데 이제 조금은 알 것 같아요. 그러면 영의 사람이 되려면 어떻게 해야 하나요? 그 기간은 얼마나 될까요?"

김은희는 박 집사가 마치 모든 것을 터득한 선생님같이, 지혜와 지식이 풍부한 교수님같이 느껴졌다. 은근히 부러움과 질투 같은 것이 스멀스멀 올라왔다. 박 집사와 친해지면 그 수준으로 유식해질 것 같은 마음도 들었다.

"네, 믿음은 들으면서 난다고 했습니다. 교회에 열심히 나오시고 설교 말씀을 들으시고, 성경공부에 열심히 나오시면 금방 따라가실 거예요. 물론 성경 지식이 많다고 해서 믿음이 생기고 영적인 사람이 되는 것은 아닙니다. 교회에 20년을 다녀도 여전히 육적인 사람이 있고, 나온 지 얼마 안 된 사람도 영적인 사람이 있거든요. 각자 믿음의 분량이 다르고, 마음의 태도나 믿음의 정도도 다르니까요. 예수를 지식으로만 믿는다면 믿음에 어떤 변화도 일어나지 않습니다. 예수님을 진실한 마음으로 믿어 의에 이르고 입으로 시인하여 구원에 이른다는 성경 말씀이 있지요."

너희가 듣기는 들어도 도무지 깨닫지 못하며 보기는 보아도 도무지 알지 못하는도다 이 백성의 마음이 우둔하여져서 그 귀로는 둔하게 듣고 그 눈은 감았으니 이 눈

으로 보고 귀로 듣고 마음으로 깨달아 돌아오면 내가 고쳐줄까 함이라(사도행전 28장 26-27절).

김은희가 낚아채듯 대답했다.

"딱 지금 저에게 해당하는 말씀인 것 같습니다. 들어도 뭔 말인지 잘 모르겠습니다."

박 집사는 말을 이어갔다.

"예수님이 이런 말씀도 하셨지요."

진실로 진실로 네게 이르노니 사람이 거듭나지 아니하면 하나님 나라를 볼 수 없느니라(요한복음 3장 3절).

갑자기 거듭난다는 말에 김은희는 눈이 동그래졌다.

"박 집사님, 거듭난다는 것이 뭡니까? 죽었다가 다시 살아나는 겁니까?"

"거듭난다는 뜻은 중생(重生) 즉 다시 태어나는 것을 말합니다. 육체적으로 다시 태어나는 것을 말하는 것이 아니고, 죽었던 영이 생명을 주신 하나님께서 새 생명을 창조해 주시는 것을 말합니다. 사람에게 거듭나는 것보다 더 중요한 것이 없습니다. 거듭나지 않고는 하나님 나라에 들어갈 수 없기 때문입니다. 하나님 나라에 들어가지 못하면 지옥에 갈 수밖에 없지요."

"그러면 어떻게 거듭나지요?"

"정말 중요한 질문을 하셨어요. 거듭나지 않으면 하나님 나라를 볼 수 없다고 했으니까요. 거듭나기 위해서 무엇을 해야 하나 생각할 때, 우리가 무엇을 해야 된다고 생각할 수 있는데요, 이것은 아주 큰 잘못입니다. 마치 어린아이가 이 세상에 태어나기 위해서 무엇을 해야 한다고 생각하는 것과 같다고 할 수 있지요. 거듭나기 위해서 우리가 할 것은 아무것도 없습니다. 전혀 없습니다. 봉사나 희생, 선행, 열심, 수고가 우리를 거듭나게 할 수 없습니다."

"저는 그런 것들이 도움이 될 거라는 생각을 했어요."

"그렇지 않아요. 죄악으로 우리는 결코 스스로 거듭날 수 없는 존재이거든요. 오직 거듭나게 하실 수 있는 예수 그리스도를 믿고 성령을 통하여 위로부터 하나님의 사람으로 다시 태어나는 것, 이것이 유일한 길인을 믿어야 합니다."

"와, 어떻게 보면 참 쉽네요."

"네, 그러니까 육신의 사람이 성경이 하나님 말씀이라고 믿을 때, 성령께서 우리 마음을 열어 주셔서 성경 말씀을 깨닫게 하십니다. 그리고 예수 그리스도를 살아 계신 하나님의 아들이요, 나의 주 나의 구세주로 믿고 고백할 때 세례를 받고 성령을 통하여 위로부터 다시 하나님의 사람으로 거듭나는 것입니다."

"세례를 받아야 한다구요?"

"네, 김은희 성도님도 이제 충분히 준비하시고 세례를 받으시기 바랍니다."

"준비라면?"

"교회에 등록했으니 이제 최소한 6개월 이상의 신앙생활을 하고, 새 신자 교육과 성경 공부를 한 다음에 세례 문답을 통과하면 됩니다. 물론 자신이 전적으로 죄인인 것과 예수 그리스도를 주님으로 고백하는 절차를 거쳐야 하지요."

"아, 그래요. 제가 과연 세례를 받을 수 있을지 걱정이네요. 워낙에 부족한 사람이라서……."

"지금과 같은 열심이 있으면 충분히 받을 수 있을 거예요. 우리 교회에서는 연말에 세례식이 있으니까 그때 받을 수 있도록 우리 함께 준비해요. 성령께서 잘 인도해 주실 겁니다."

박 집사는 다시 성경책을 펴 보이며 성령의 능력에 대해 이야기를 이어간다.

오직 하나님이 성령으로 이것을 우리에게 보이셨으니 성령은 모든 것 곧 하나님의 깊은 것까지도 통달하시느니라. 사람의 일을 사람의 속에 있는 영 외에 누가 알리요. 이와 같이 하나님의 일도 하나님의 영 외에는 아무

도 알지 못하느니라. 우리가 세상의 영을 받지 아니하고 오직 하나님으로부터 온 영을 받았으니 이는 우리로 하여금 하나님께서 우리에게 은혜로 주신 것들을 알게 하려 하심이라. 우리가 이것을 말하거니와 사람의 지혜가 가르친 말로 아니하고 오직 성령께서 가르치신 것으로 하니 영적인 일은 영적인 것으로 분별하느니라. 육에 속한 사람은 하나님의 성령의 일들을 받지 아니하나니 이는 그것들이 그에게는 어리석게 보임이라(고린도전서 2장 10-14절).

"이 구절을 보세요. 성령께서는 사람의 마음을 감동하게 해서 예수 그리스도께서 우리 죄를 대속하기 위해 십자가에서 돌아가심으로써 우리를 구원하셨다는 것을 마음으로 받아들일 수 있도록 인도해 주십니다. 예수 그리스도를 믿을 때 우리는 거듭나게 되고 영적인 사람이 됩니다."

김은희는 그제야 고개를 끄덕인다.

"이제 성령이 누구시고 삼위일체가 뭐고 거듭난다는 것이 무슨 의미인지, 또 육에 속한 사람, 영에 속한 사람에 대해 조금은 알 것 같네요. 그리고 세례를 받고 싶은 마음도 조금 생겼어요."

"너무 감사해요. 이렇게 말씀을 잘 받아주시니 말이에요."

"박 집사님 덕분이에요. 오늘 특별 개인 교수를 받아서 제가 많은 것을 깨닫게 되었습니다. 몇 번 더 만나 개인지도를 좀 받았으면 좋겠습니다. 새 신자 성경 공부는 개인지도 좀 더 받고 좀 더 있다가 들어가겠습니다. 저는 너무 몰라서 아직은……."

김은희의 진지한 표정을 보아서는 금방 새 신자반에 들어올 것 같다는 마음이 들었으나, 한편으로는 자신이 교회나 성경에 대해서 너무 무지한 것이 여러 사람 앞에서 드러날까, 걱정하는 마음이 있음을 짐작할 수 있었다.

"그런데 성령님이 내 안에 있다는 것을 어떻게 알지요? 그게 너무 궁금해요. 또 성령님이 우리 마음을 조명하는 것을 어떻게 느낄 수 있나요?"

"참 좋은 질문을 하시네요. 저도 궁금했었어요. 그러니까 바람이라는 현상을 어떻게 알 수 있지요? 보이지는 않지만 주위에 나무가 흔들린다든지, 무엇이 바람에 날아간다든지 하면 '아! 바람이 분다'라고 하지요? 바람이 우리 피부에 스쳐 지나가면 시원함을 느끼듯이, 보이지는 않지만 성령의 역사하심이 사람들을 통해서 일어나고 있는 것으로도 알 수 있지요. 때로는 성도의 심령에 성령이 부어져서 방언도 하고 예언도 하고 기도해서 치유도 일어나는 것을 보면, 성령의 역사하심이 아닌가 생각하게 됩니다. 무엇보다도 하나님의 성령이 아니고서는 예수님을 주(主)라고 시인할 수 없습니다. 그 속에 악령이 있는 사람들은 절대 예수님을 주라고 부르지 못합니다. 그리고 우리에게 죄가 있음에도 성령의 조명이 없다면 죄를 죄로 깨닫지 못하고 회개도 하지 않습니다."

김은희 역시 평소에 자기가 무슨 죄가 있다고 생각하고 있는 사람은 아니었다. 그래서 회개할 것도 없다고 생각하고 있었다.

"만일 성령이 내 안에 계신다면 내 삶 속에서 성령의 열매를 맺게 된다고 갈라디아서는 말하고 있습니다."

오직 성령의 열매는 사랑과 희락과 화평과 오래 참음과 자비와 양선과 충성과 온유와 절제니 이 같은 것을 금지할 법이 없느니라(갈라디아서 5장 22-23절).

"그러니까 우리가 성령으로 살면 성령으로 행하게 되고 선한 영향력을 끼치게 되는 거지요."

내가 무슨 죄인?

"박 집사님, 죄가 없는 사람이 죽으면 예수 믿는 것과 상관 없이 곧바로 천국 가는 것 아닌가 생각합니다만……."

김은희는 평소에 '나는 죄가 없다. 그러니까 죽으면 분명히 천국에 갈 수 있다'라고 생각하고 있었다.

"하나님이 보시기에 정말 죄가 없다면 천국에 당연히 가야지요. 그러나 세상에 죄 없는 사람은 없습니다."

박 집사는 다시 성경 말씀을 보여주며 읽는다.

모든 사람이 죄를 범하였으매 하나님의 영광에 이르지 못하더니(로마서 3장 23절).

"그러니까 모든 사람이 죄인입니다. 당연히 죄가 없는 의인은 하나도 없다는 말씀이지요."

김은희는 교회에 와서 괜히 자기가 죄인이 되어 버린 것이 아닌가 하는 생각이 들었다. 자신은 죄가 없고 비교적 선하게 살았으므로 천당에 갈 것이라 굳게 믿고 있었던 것이다.

"와! 교회 다니게 되면서 내가 죄인인 것을 처음 알았네요. 나는 내 기준으로 죄인이 아니라고 믿고 있었어요. 죄를 지어 경찰서에 불려 가거나 재판을 받고 감옥에 간 일이 없으므로 나는 내가 죄 없는 사람이라고 생각했는데 그게 아니네요. 그러면 사람들이 죄라고 생각하는 것, 법에 죄라고 규정한 것과 하나님이 죄라고 하는 것은 좀 다른 것 같아요."

"참 중요한 질문이에요. 죄란 하나님의 성품과 반대되는 모든 것을 말합니다. 하나님을 반대하는 악한 동기와 생각과 행동이 죄입니다. 모든 천사와 인간들을 파멸시킨 것도 바로 죄입니다. 죄는 아픔과 괴로움과 고통과 절망과 비극과 저주와 진노와 죽음과 지옥을 가져왔습니다. 하나님은 죄에 대해서는 결코 관대하실 수가 없으십니다. 죄를 범한 천사들이나 사람들에게 벌을 내리지 않고 그냥 지나가시는 분이 아니십니다."

"죄가 무서운 것이네요."

"네, 하나님이 말씀하시는 죄와 세상에서 말하는 죄는 다릅니다. 세상에서는 살인하거나 폭행하거나 남의 돈을 떼어먹고 도망가거나 음행하거나 거짓말을 하는 것들을 죄라고 합니다. 하지만 하나님이 말씀하시는 죄는, 하나님의 성품 즉 거룩하심과 완전하심에 따라 정하신 표준에 미치지 못한 것이 죄라고 하셨습니다. 다시 말하면 하나님의 선하심과 거룩하심에 미치지 못한다면 그것이 죄입니다. 그래서 과녁에서 빗나간 것이 죄라는 말도 있습니다. 누가 그 표준에 적합할 자가 있겠습니까? 아무도 없습니다. 그래서 사도 바울은 로마서에서 이렇게 말씀하신 것입니다."

> **기록된바 의인은 없나니 하나도 없으며, 깨닫는 자도 없고 하나님을 찾는 자도 없고, 다 치우쳐 함께 무익하게 되고 선을 행하는 자는 없나니 하나도 없도다(로마서 3장 10-12절).**

"이처럼 하나님의 다림줄에 비춰 보면 세상에 의인은 하나도 없지요. 그러니 천국에 들어갈 자격이 있는 자가 어디 있겠습니까?"

"다림줄이라면 건물 지을 때 '무거운 추에 매달아 줄을 늘어뜨린 것'을 말하는 것인가요?"

"네, 맞아요. 하나님의 다림줄은 비유적으로 하나님이 세상이 올바르게 되어 있는가를 측량하는 도구를 말하지요."

김은희는 괜히 죄에 대해서 물어보다가 갑자기 자기가 죄인이 되어 버린 것이 아닌가 하는 생각이 들었다. 하나님의 다림줄 이야기를 들으니 좀 무서운 생각도 들었다. 얼마 전에만 해도 자신은 죄가 없어서 떳떳하게 살고 있다고 생각했는데, 교회에 오면서 갑자기 죄인이 되어 버린 셈이 되니 마음 한구석이 찜찜할 수밖에 없었다.

김은희가 무언가 생각에 잠긴 듯이 보이자 박 집사는 말을 멈춘다. 잠시 후 박 집사는 다시 말을 이어간다.

"그러니까 하나님의 표준이 얼마나 거룩하고 선하시겠습니까? 그 표준에 미달하니까 모든 사람이 죄인이지요. 결국 하나님을 모르는 것이 죄이지요. 대신 하나님은 인간의 죄를 사해 주시기 위해 독생자 예수 그리스도를 보내신 것입니다."

김은희는 한결 풀이 죽은 목소리로 말한다.

"아, 이제 보니 나도 큰 죄인이 틀림없네요."

"그래서 하나님은 모두가 죄인이니 그의 은혜 없이는 살 수 없다는 것입니다. 값없이 주시는 예수 그리스도 십자가의 보혈로 죄 용서를 받는 것이 은혜입니다."

"와! 정말 말할 수 없는 큰 은혜네요. 십자가의 은혜 없이는 살 수가 없겠네요. 그동안 이런 것을 모르고 살았으니 얼마나 무지했는지……. 하나님에 대해 무지한 것도 죄라……. 정말 이걸 깨닫는 것이 은혜네요. 너무 좋은 말씀이네요. 계속 듣고 싶지만, 오늘은 여기까지 하고 다음 목요일에 같은 시간에 여기서 뵐 수 있을까요?"

박 집사도 자기의 아는 것과 경험한 것을 쏟아 놓은 것 같아서 흐뭇한 표정이었다.

"좋아요. 같은 시간에 만나요."

"네, 알겠습니다. 다음 주에 제가 새 신자반 성경공부에 꼭 나가겠습니다. 그리고 세례에 대해서도 생각해 볼게요."

김은희는 오늘 배운 것만 해도 마음이 흡족해짐을 느꼈다. 박 집사는 꼭 나오겠다는 말에 마음이 흐뭇했다.

"갑자기 제가 많이 유식해진 것 같습니다. 고맙습니다. 저 같은 생짜를 가르쳐 주시느라 고생하셨습니다."

박 집사는 자기가 가지고 있는 보물 자루를 이제 입아귀만 푼 느낌인데 김은희는 무엇인가 생전 가 보지 않은 새로운 세상을 가는 것처럼 점점 흥미를 느끼는 듯했다.

걸음걸이가 경쾌해 보이는 김은희의 뒷모습을 보며 박 집사는 마음이 뿌듯했다. 박 집사는 "하나님, 감사합니다. 김은희가 양육을 잘 받아서 하나님의 사람으로, 영적 군사로 쓰임 받을 때까지 가지에 꼭 붙어 있게 해 주세요" 하고 마음속으로 기도를 했다. 그리고 휘파람을 불면서 발걸음도 가볍게 집으로 향했다.

김은희는 박 집사와 만나서 무엇인가 자기 내면에 신령한 것들이 채워지고 있다는 생각이 들었다. 기독교에 대해 하나하나 알아가는 것도 재미있었다. 그동안 세상에 찌든 더러운 것들로 가득 찬 자기 내면이, 이제 하나하나 깨끗한 것들로 바뀌어 가고 있다는 것을 느끼고 있었다.

주일 아침부터 마음이 바빠졌다. 두 번째로 교회에 출석하는 날인데 뭔가 기대에 부푼 발걸음으로 걸어갔다. 처음 교회에 갈 때는 무엇인가에 끌려가듯 갔지만 오늘은 설렘으로 가고 있다. 예배 시간에 들은 설교 말씀도 좀 이해가 되는 것 같았다. 단어들이 첫날보다는 덜 생소했다.

예배를 마치고 나갈 때 정선자 전도사가 성경공부를 하고 가라고 했다.

"아, 네. 알겠습니다."

지난주에 성경공부 얘기를 들었을 때는 도망갈 궁리만 했는데, 박 집사와 카페에서 만나서 이야기를 나눈 후에는 성경공부의 필요성을 느끼게 되었다. 좀 무안을 당하는 한이 있더라도 예의 당당함과 뻔뻔함을 보여주기로 했다. 새 신자반에 들어가니 박 집사가 반갑게 맞아준다.

"오셨네요. 반갑습니다. 이쪽으로 앉으세요."

오늘 점심 메뉴는 어느 젊은 부부가 지난주에 결혼을 해서 감사하는 의미로 교인들에게 떡국을 냈다고 한다. 김은희는 자신도 언젠가는 이렇게 교인들에게 떡국을 내고 싶다고 생각했다.

"떡국을 드시면서 옆에 있는 분들과 교제도 하세요."

"안녕하세요?"

"안녕하세요?"

오른쪽, 왼쪽 옆 사람에게 고개를 끄덕이며 눈인사를 했다. 점심 식사를 마치자, 박 집사가 입을 열었다.

"지난 한 주 동안 어떻게 지내셨어요.? 혹시 특별히 감사한 일이나 하나님께서 베풀어 주신 은혜가 있으면 나눠 주시겠어요?"

서로 얼굴을 돌아보면서 누군가가 한마디 해 주길 기대하고 있었다. 그러나 아무도 나서지 않았다.

"그러면 잠시 기도하고 새 신자 성경공부를 시작하겠습니다. 하나님 아버지, 우리 교회에 귀한 분들을 보내 주셔서 감사합니다. 오늘부터 시작되는 성경공부에 저희와 함께해 주시고 여기 있는 한 사람 한 사람에게 성령과 지혜를 부어 주셔서 말씀을 깨닫게 하여 주시옵소서. 주님의 은혜를 맛보아 알도록 도와주시옵소서. 예수님 이름으로 기도합니다. 아멘!"

기도를 마치고 박 집사가 성경공부를 인도하기 시작했다.

"여기 계신 분들 대부분은 다른 교회에서 신앙생활을 하시다 오신 분입니다. 그러나 여기 계신 김은희 성도처럼 교회가 처음인 분도 있습니다. 서로 말씀에 대해 수준 차이는 있겠지만, 믿음은 앞선 자가 뒤서게 되기도 하고 뒤에 있던 자가 앞서기도 하는 것이지요. 서로 이해해 주시고 격려해 주시고 이끌어 주시면 좋겠습니다."

박 집사는 특별히 김은희를 거론했다.

"성경에 보면 양치기 소년이던 다윗의 마음의 중심을 보시고 하나님께서 기름 부어 왕으로 세웠지요. 신약시대에는 고위직 신분이면서 믿는 사람들을 핍박하던 사도 바울이 나중에 예수님을 만나 회개하고, 하나님의 신실한 종으로 변하여 위대한 사도로 복음 전도를 위해 일생을 바친 경우도 있습니다. 오늘부터 하는 새 신자 성경공부를 통해 획기적인 믿음의 변화를 경험하시고, 말씀 속에서 하나님을 만나는 놀라운 은혜를 경험하시면 좋겠습니다."

박 집사는 참 진지하고 진솔한 사람 같았다. 그리고 뭔지 모르지만, 사명감이 있어 보였다.

"성경공부 교재로는 커피브레이크 성경공부 교재로 할 건데요, 이 교재는 목사님 같은 전문가가 강의하는 형식이 아니고 여러분이 스스로 성경 안에 있는 진리를 발견해 나가는 방법입니다. 따라서 여러분이 이 교재를 집에서 열심히 읽고 공부해 오셔야 합니다. 읽으면서 스스로 질문을 던지고, 스스로 말씀에서 진리를 발견해 나가는 것입니다. 그리고 그 발견한 진리를 여기에 오셔서 서로 나누는 것입니다. 저는 여러분이 스스로 진리의 말씀을 이해하고 해답을 찾아가도록 돕는 역할을 할 뿐입니다. 그래서 커피브레이크 성경공부를 다른 말로 귀납법 성경 공부(Inductive Method of Bible Study)라고도 합니다."

박 집사는 성경공부의 방법을 자세히 알려준다.

"성경을 읽으실 때 육하원칙에 따라서, 첫째로 그 사건이 언제 어디에서 일어났는지, 배경을 잘 관찰해야 합니다."

"그렇군요. 신문 기사처럼 읽어야겠네요. 둘째는요?"

"둘째는 문맥을 따라 자세히 읽어서 저자가 무엇을 말하려고 하는지 의도를 알아보고, 전체 그림을 마음속으로 그려 보시면 좋을 것입니다. 그리고 숨어 있는 그림도 찾아내어 저자가 이야기하려고 하는 것을 찾아 나가는 것입니다."

"꼼꼼하게 잘 읽어야겠군요. 셋째는요?"

"셋째로는 말씀을 나에게 어떻게 적용할까, 생각해 보는 것입니다. 그러면 오늘은 공과책을 나눠 드리는 것으로 마칩니다. 집에 가셔서 말씀을 열심히 묵상해 오시면 좋겠습니다."

김은희는 큰 과제를 받은 것 같은 느낌이 든다. 그리고 자신이 얼마나 잘 해낼 수 있을까를 상상해 본다.

상처가 회복되다

“여보세요? 안녕하세요?”

“네, 김은희 성도님, 저 박진숙입니다. 오늘 우리 만나기로 한 날이지요?”

“네, 저도 막 나가려고 준비하고 있었습니다. 그럼 곧 카페에서 뵐까요?”

박 집사는 헝겊으로 만든 에코백에 자기 성경책과 김은희에게 선물로 줄 새 성경책을 넣어 어깨에 메고 집을 나선다. 한편, 김은희는 시골에 사는 언니가 보내온 앵두를 작은 선물 박스에 나누어 예쁘게 포장해서 리본으로 묶어서 나간다.

집에서 방배동 먹자골목에 있는 카페까지는 걸어서 약 15분 남짓 거리다. 카페에 들어서자마자 김은희는 지난번에 앉았던 자리에서 해맑게 웃는 얼굴로 손을 흔들어 주는 박 집사를 발견했다. 그녀의 얼굴을 대하니 마음이 한결 밝아졌다.

"안녕하세요? 먼저 오셨네요."

자리에 앉자마자 김은희는 선물 박스를 내밀었다.

"이것은 우리 언니가 시골에서 보내온 앵두인데 집사님 생각이 나서 조금 가져왔습니다."

"아이고, 저한테까지? 맛있겠네요. 감사히 먹겠습니다."

마치 일주일 내내 기다렸다는 듯이 말한다.

"오늘은 제가 커피 사는 날입니다. 무슨 차로 하시겠어요?"

"고마워요. 저는 유자차로 할게요."

김은희가 차 주문을 하러 갈 때, 박 집사는 준비한 성경책을 그녀의 앞 테이블에 올려놓는다. 김은희는 유자차와 라떼커피를 주문하고 돌아와서 성경책이 놓여 있는 걸 보고는 눈을 크게 뜬다.

"네, 맞아요, 선물입니다. 보아하니 성경책이 없으신 것 같아서요."

"이거 뜯어 봐도 되나요?"

김은희는 곧장 포장을 뜯었다. 팥죽색 가죽 커버로 된 예쁜 성경책을 가슴에 갖다 대며 박 집사에게 연신 고개를 끄덕인다.

"정말 감사합니다. 그렇지 않아도 하나 사려 했는데……."

겉장 바로 뒷면에는 '박진숙 집사가 사랑하는 김은희 성도에게'라고 쓰여 있었다.

이런 선물을 몇 년 만에 받아 보는가? 그동안 코비드 19로 집에만 갇혀 있어서 숨통이 막힐 것 같았다. 사람들과의 왕래나 관계가 거의 끊어진 상태에서, 어쩌다 교회에 갔다가 좋은 사람도 만나고 선물까지 받으니 갑자기 마음이 울컥해졌다. 김은희의 말에는 울음이 약간 섞였다.

"이런 선물을 받은 게 너무 오랜만이라서 눈물까지 납니다."

무언지 모르지만, 마음이 따뜻해져 왔다. 김은희는 성경책을 가슴에 안고 몸을 좌우로 흔들어대면서, '감사합니다'를 연발하며 머리를 계속 끄덕였다. 선물은 김은희의 마음을 흐뭇하게 만들 뿐 아니라 마음속에 있는 응어리들도 녹여 버리고 있었다.

사실 김은희는 얼마 전까지만 해도 우울증에 가까운 상태였다. 남편이 젊은 나이에 갑자기 교통사고로 죽어서 마음의 갈피를 잡지 못한 상태였는데, 거기에 코로나바이러스까지 전 세계를 휩쓸고 있었다. 엎친 데 덮친 격이었다. 두 아이를 위해서라도 코로나에 걸리면 안 되겠다고 생각해서 외출을 삼갔다. 식료품을 사러 슈퍼나 농협 하나로마트에 가는 것 외에는 거의 두문불출했다.

집에 갇혀 있다 보니 남편 차를 들이받은 그 트럭기사에 대한 원망이 더욱 커져만 갔다. 도저히 용서할 수 없다는 생각에 분노와 원망과 우울증의 나날을 보내다 자살할 마음마저 먹은 적도 있었다.

그러다가 어느 날 아침 갑자기 교회에 가게 된 김은희는 지금 자기 앞에 일어나고 있는 일을 스스로 설명할 수가 없었다. 다만 무엇인가 급진전하는 것을 느끼며 혹시 그 성령님인가 뭔가 하는 분이 역사하시는 것은 아닌지 생각해 본 것이다.

"남편을 잃고 나니 무엇을 어떻게 해야 할지 모르겠더라고요. 화도 나고 '하나님이 계신다면 도대체 한번 열심히 살아보려는 사람한테 왜 이런 일이 일어나는 겁니까?' 하고 신세타령도 하고 하나님 원망도 많이 했어요. 다니던 직장도 그때 잘리면서 아무도 만나기도 싫었고 모든 사람이 나한테 피해를 줄 것만 같아 두렵고 외로웠습니다. 이제 어떻게든 두 자식과 살아가야 한다는 생각에 마음을 강하게 먹으니까, 성격도 공격적으로 변하게 되더라구요. 그러면서도 한편으로는 내가 남편을 죽게 하지는 않았는가 하는 죄책감까지 들어서 참 힘들었습니다."

"아, 그런 일이 있으셨네요."

"지금도 술 처먹고 운전한 그 인간만 생각하면 울화가 치밀어서 화가 나고 잠이 오질 않습니다. 제가 성질이 못되어서 남편에게 화를 내고 한바탕 해댄 바로 다음 날 사고가 났어요. 마음으로 죄책감도 생겨서 참 견디기 어려웠어요."

갑자기 김은희의 과거사를 듣게 되니 박 집사는 마음이 무거워졌다. 그리고 그녀가 마음의 상처를 먼저 치료받아야겠다는 생각과 '하나님이 사랑하셔서 그를 강권적으로 교회로 인도하셨구나' 하는 생각이 들었다. '먼저 김은희 마음의 상처부터 치유가 되어야겠다, 그래야 자신을 사랑하게 되고 하나님의 사랑도 받아들일 수 있겠다, 하나님을 하나님으로 인정하고 또 하나님을 사랑하게 되면 상처가 회복되겠다'라고 생각한 것이다.

"참 힘드셨겠어요. 그런 상황에서는 사람도 만나기 싫었을 텐데, 참 이상한 기적 같은 일이 벌어진 거예요. 사람들이 많이 모여 있는 교회로 오기가 쉽지 않은데, 정말 희한하죠? 이건 성령님의 인도하심으로밖에 해석이 안 되네요. 하나님께서 성도님에 대해 특별한 관심과 사랑을 가지신 것이 분명해요."

김은희는 그 말을 들으며 뜻밖에 마음이 밝아지는 것 같았다. 그동안 자기 자신을 방어하고 기만하기 위해서 스스로 마음의 갑옷을 겹겹이 입고 있었다는 생각이 들었다. 내면의 속사람을 철저하게 가리기 위해 명품 같은 것으로 겉치레하기도 하고, 벽을 겹겹이 쌓아서 자기의 열등감을 가리려 했다. 자기의 잘못을 인정하지 않았고, 무엇이 잘못되면 모두 남의 탓으로 돌렸다. 쉽게 분노하며 삶의 뚜렷한 목표가 없이 모든 것을 자기중심적으로 여기니, 다른 사람들과 관계가 좋지 못했고, 자만한 데다 고집도 세고 완고했다. 항상 모자나 옷으로 자기 모습을 많이 가렸고 노출하기를 꺼렸다. 집에 있을 때도 커튼을 충분히 쳐 놓고도 외부에서 자기를 보지 않을까 하는 불안함과 두려움을 느꼈다.

이런 김은희가 누구의 인도도 없이 스스로 교회로 나온다는 것은 기적과 같은 것이었다.

"김은희 성도님, 참 귀한 분이세요. 우여곡절을 많이 겪은 분들은 교회로 스스로 나오지 않거든요. 그런데 이렇게 교회로 인도하신 것은 하나님이 특별한 계획이 있어서인 것 같아요."

"특별한 계획이라니요? 저 같은 무식한 여자가 무슨 쓸모가 있다고……. 당치도 않은 소립니다."

"하나님께는 모든 사람이 다 소중하고, 또 하나님은 모든 사람을 사랑하십니다. 그래서 그런 말씀을 하시면 안 됩니다. 혹시 최근에 그 트럭 운전사를 용서했나요? 또 남편에게 한 잘못을 회개라도 하셨나요?"

"사실은 얼마 전 그 트럭 운전사가 형이 감형되어서 5년을 살고 감옥에서 나왔습니다. 그 인간이 저를 찾아왔어요. 손에 소고기 한 근을 사 들고 와서는 자기를 용서해 달라고 울면서 애원하더라고요. 자기가 원래 술을 잘 먹지 못하는데 어쩌다 친구들과 조금 먹은 것이 이렇게 큰 사고로 연결될지 몰랐고, 또 한 가족의 불행으로 이어질 줄은 꿈에도 몰랐다고 하면서, 자기의 죄를 용서해 달라고 애원하더라고요. 용서받지 못하면 죄책감에 시달려서 잠을 한숨도 잘 수 없다고 하더라고요."

사실 김은희는 그가 찾아온 것이 무서웠다. 가져온 고기를 땅바닥에 패대기를 치고 울면서 멱살을 잡고 얼마나 흔들어댔는지 모른다. 운전기사는 혼이 나간 사람 같았다. 당장 나가라고 소리를 지르며 연약한 몸으로 운전기사를 밀어내면서 문을 걸어 잠가 버렸다.

그 인간을 보니 남편이 죽을 때 어떻게 죽었는지, 그 순간이 그려지면서 견딜 수가 없었다. 한참을 울고 나니 마음이 좀 후련해지는 것 같았지만, 도저히 용서고 뭐고 안 되었다. 잊어버리려고 하면 할수록 남편 생각이 더 나고 견디기가 힘들어서 잠도 오지 않았다.

박 집사는 김은희의 마음을 어떻게 위로해야 좋을지 몰랐다. 이때 성령께서 '그녀를 위로해 줘라. 그리고 내가 십자가에 매달려 용서한 말을 이야기해 줘라'는 세미한 목소리를 들려주셨다. 박 집사는 차분한 목소리로 성령이 인도하는 대로 김은희의 마음을 어루만지기 시작했다.

"용서를 해야 하는 것을 머리로는 알아도 마음으로 용서하기는 힘들지요. 어떤 이는 용서하기까지 30년이 걸린다고 하더라고요. 머리와 가슴 사이는 불과 30cm인데, 마음으로 용서하는 데는 그렇게 오래 걸린다는 거예요. 한 가정의 행복을 빼앗아 간 사람, 사랑하는 남편을 죽인 사람을 어떻게 용서할 수 있겠어요. 저라고 해도 용서 못 할 것 같아요."

김은희의 말에 동조해 주면서 말을 이어간다.

"우리는 할 수 없지만 하나님께서 용서할 마음을 주시면 용서할 수도 있어요."

"저도 너무 힘들어서 그를 용서하면 속이 시원할 것 같기는 합니다만……."

박 집사 생각으로, 김은희는 복음이 들어가면 그 운전기사를 용서할 수도 있겠다고 느꼈다.

"그래요. 바로 그것입니다. 그래서 예수님도 우리에게 원수까지도 용서하라고 하셨고, 내가 나에게 죄지은 사람을 용서하면, 예수님께서도 우리 죄를 용서해 주신다고 하셨어요. 내가 용서받기 위해서도 용서해야 하고, 용서는 또 주님의 명령이기도 합니다. 사탄의 함정에 빠지지 않기 위해서도 용서해야 하는 거지요."

"사탄의 함정이 뭐예요?"

"그러니까 사탄은 '그런 인간은 용서하면 안 돼, 절대 용서하지 마' 하면서 우리의 마음을 강퍅하게 만들고 분노하게 만들지요. 그러면서 우리의 영혼을 메마르게 하고 결국은 우리의 영혼을 죽이는 데 이르게 되는 것입니다."

"아, 그렇구나. 제 마음속에서도 계속 '그 인간은 절대 용서하지 말라'고 말하는 것 같았어요. 그래서 마음에 불타는 복수심 같은 것이 일어나서 죽이고 싶더라고요. 분노도 막 치솟았어요."

김은희는 이야기를 하면서도 내면에서부터 끓어오르는 분노와 복수심으로 마음이 용광로처럼 타오르는 것 같았다.

"이런 고통을 통해서 우리를 훈련하시고 연단시켜서 하나님이 우리를 용서해 주시는 것을 체험하게 하시는 것입니다. 예수님은 죄가 하나도 없으신 분인데, 자기들을 사랑하는 예수님에게 죄를 뒤집어씌우고 채찍으로 때리고 침 뱉고 십자가에 못 박아 돌아가시게 했으니 얼마나 억울하셨겠어요. 그렇지만 변명 한마디 하지 않으시고 오히려 그 사람들을 용서하셨어요."

김은희의 눈은 충혈이 되면서 눈물이 고여 있었다. 그러면서도 약간의 살기 같은 것이 보였다.

"저는 절대 용서 못 해요. 우리 가정을 쑥대밭으로 만든 그 인간을 어떻게 용서할 수 있겠습니까?"

김은희는 약간 몸을 떨었다. 박 집사는 그녀를 위해 기도하라는 성령의 명령을 들었다. 박 집사는 차를 한 모금 마신 후 아주 온유하고 낮은 톤의 말로 기도를 제안했다.

"절대 용서가 안 되지요. 저라고 해도 용서 못 할 것 같습니다. 그런데 하나님께서 제게 김은희 성도님을 위해 지금 기도해 주라는 마음을 주시네요. 제가 지금 기도해 드려도 괜찮을까요?"

박 집사는 그녀의 아픈 마음을 건드리지 않으려 말을 아주 조심했다. 박 집사가 두 손을 내밀자, 김은희도 마지못해 두 손을 맞잡고 고개를 숙였다.

"사랑하는 나의 하나님 아버지, 오늘 참 좋은 날입니다. 이 만남을 축복해 주시고, 아픈 마음을 열고 상처를 드러내 보이는 이 딸을 불쌍히 여기시고, 살아 계신 하나님을 만나게 하여 주시옵소서. 성령님의 역사하심을 체험하며 하나님께 사랑받고 있다는 증거를 보여주시기를 간절히 기도합니다."

"아멘!"

"사랑하는 딸 김은희 성도의 상처 난 마음을 만져 주시고 치유해 주시옵소서. 회복시켜 주시옵소서. 그리하여 도저히 용서할 수 없는 사람을 용서하게 하시고, 도저히 사랑할 수 없는 사람을 사랑하게 하여 주시옵소서. 그래서 하나님을 더 많이 알고 더 많이 사랑하게 하옵소서."

"아멘! 주여!"

"예수 그리스도의 마음을 부어 주셔서 굳어져 있는 딸의 마음을 어린아이의 살과 같이 부드럽게 창조하여 주시어, 마음으로 용서하고 영혼들을 사랑하는 마음이 뜨겁게 일어나게 하시옵소서. 우리의 죄를 용서해 주시고 구원해 주신 존귀하신 예수님 이름으로 기도합니다. 아멘."

"아멘!"

기도에는 간절함이 묻어 있었다. 기도 중에 김은희의 손은 떨리고 있었다. 자신도 모르게 '아멘!'을 중얼거리고 있었다. 기도를 마치니 마음속 어디에선가 묵직한 것이 사라지고 후련해지는 기분이 들었다.

평소에 교회에서 하는 박 집사의 기도는 강력하기로 이름이 나 있었다. 방언기도도 하고, 기도 음성은 교회 안을 가득 채울 정도로 컸다. 그런데 카페에서 하는 기도라 매우 절제하며 조용하고 간결하게 한 것이다. 김은희는 불그스레 얼굴이 상기되어 있었다.

"감사합니다. 기도를 받고 나니 마음이 한결 가벼워졌습니다."

무엇인가 마음이 뜨거워지는 것을 느꼈지만 김은희는 그것을 말로 표현하지 못했다. 전기가 찌릿하게 몸의 위에서부터 아래로 통한 것 같았다. 일종의 전율이었다. 반면 머릿속은 한결 가벼워지고 시원해졌다. 그 후 얼마 동안은 마음속에서 계속해서 "용서하라, 용서하라"는 소리가 들려왔다.

무안을 당하고 쫓겨나다시피 돌아간 그 트럭기사가 다시는 오지 않을 줄 알았는데 2주 후에 또 찾아왔다. 이번엔 사과 한 상자를 들고 왔다. 김은희에게 용서의 기회가 온 것이다.

"사모님, 죄송합니다. 제가 마음이 괴로워서 도저히 살 수가 없어요. 그러니 저를 제발 용서해 주세요. 저를 용서해 주지 않으시면 이 집에서 한 발짝도 안 움직일 겁니다."

김은희는 전과 같이 분노는 치밀어 오르지 않았다. 그냥 모르는 체하고는 '찾아오지 않아도 되는데 왜 찾아와서 남편을 더 생각나게 하나' 하는 마음이 드는 정도였다. 하지만 이상하게 그녀의 입에서 나오는 말은 매우 매정했다.

"왜 찾아와서 제 마음을 이렇게 괴롭힙니까? 잊을 만하면 찾아오고, 잊을 만하면 찾아오고……. 어디 사람이 살겠어요? 이제 찾아오지 마세요, 그만."

"저도 왜 괜히 찾아오겠어요. 법에서 정한 처벌은 받았지만, 당사자에게 용서받지 못하면 견딜 수가 없는 거예요. 아무것도 손에 안 잡혀요. 사람을 죽였다는 죄책감에 짓눌려서 살 수가 없네요. 그러니 저를 용서해 주세요. 돌아가신 사장님 묘소가 어딘지 가르쳐 주시면, 제가 찾아가 사죄하겠습니다."

김은희는 마음이 아프면서 그 기사가 왜 찾아오는지 조금은 이해가 갔다. 사람을 죽였다는 죄책감이 머릿속에서 늘 짓누르고 있으니, 아무것도 할 수가 없는 것이다. 묘소에도 찾아간다는 말에 트럭기사의 진실성이 느껴져 김은희는 마음이 좀 누그러졌다. 그리고 용서해야 한다는 박 집사의 충고도 기억났다.

"아저씨 마음을 알겠으니, 이제 됐습니다. 돌아가세요."

처음의 불 같은 말투에 비해, 이번 말투는 트럭기사에게는 천사의 말같이 들렸다.

"그럼 용서해 주시는 거지요?"

트럭기사는 마음이 뛸 듯한 후련함을 느낀다. 용서받는 것이 이리도 좋을 줄 몰랐다. 사실 트럭기사들은 자신들이 낸 사고로 피해자와 원수같이 되는 것이 일반이다. 사고 피해자를 찾아가는 일도 거의 없다. 지난날의 상처를 다시 드러내기가 싫어서다.

그런데 이 트럭기사는 뭔가 좀 달랐다. 그도 그럴 것이, 이 트럭기사는 귓속에서 계속 '살인자, 살인자'라는 말이 들려 그 죄책감에 아무 일도 할 수 없었다.

이제 마음속에 응어리가 없어져 홀가분해졌지만, 이왕 용서받는 김에 죽은 사람의 묘지까지 찾아가 아예 죄책감을 뿌리까지 뽑아야겠다는 생각을 한 것이다.

"저… 사모님, 힘드시겠지만, 사장님 묘지가 어딘지 가르쳐 주시면 감사하겠어요. 사장님께도 용서를 빌고 싶어요."

이렇게 말하는 트럭기사를 힐끔 훔쳐본 김은희는 그가 허튼소리로 하는 것이 아닌, 진실이 담긴 마음에서 하는 소리임을 느낄 수 있었다.

"나도 가 본 지가 오래돼서……. 내일 나하고 같이 갑시다. 내일 10시까지 집 앞으로 오실래요?"

이미 죽은 사람은 죽은 사람이고 산 사람이라도 좀 떳떳하게 살게 해 줘야겠다는 생각이 들었다. 어느새 김은희에게 용서의 마음이 든 것이다. 그러자 김은희는 마음이 후련해졌고 무거운 짐도 없어졌고, 가슴에 남아 있던 응어리도 사라진 것 같았다.

"참 잘하셨습니다. 용서하는 것이 얼마나 어려운데 그렇게 마음으로 용서하셨으니, 하나님께서도 성도님의 허물과 죄를 다 용서하신 것이 틀림없습니다. 원래 용서에는 풀어 준다는 뜻도 있고 탕감해 준다는 뜻도 있습니다. 맨 것을 풀어 주었고 죗값도 탕감해 주셨으니, 이제 자유함을 얻은 것입니다. 얼마나 후련하세요?"

"그래요. 정말 마음이 편해요."

"김은희 성도님을 교회로 인도하신 것도 다 주님이 하신 일입니다. 하늘에서 풀어 주셨으니, 앞으로 땅에서도 모든 매인 것이 풀어질 것입니다. 자유함을 얻은 것을 축하합니다. 이것은 마태복음의 말씀이에요."

무엇이든지 너희가 땅에서 매면 하늘에서도 매일 것이

요, 무엇이든지 땅에서 풀면 하늘에서도 풀리리라(마태복음 18장 18절).

"그 운전기사를 용서하고 난 후부터, 잠도 잘 오고 사람들을 보는 것이나 생각하는 것이 너무나 편해지고 얼마나 마음에 평화가 왔는지 모릅니다. 웃음도 많아지고요."

"얼마나 감사한 일인지요."

"저도 박 집사님처럼 열심히 성경공부 해서 하나님을 기쁘게 해 드리고 싶네요. 용서하는 것도 내 힘으로 안 되는 것 같아요. 하나님이 사람의 마음을 움직여 주셨다고 생각합니다. 사실 그동안 마음으로 참 힘들었습니다. 이제 용서하고 나니 얼마나 맘이 편한지 모릅니다. 다 박 집사님 덕분입니다. 감사합니다."

이야기를 나누면서 김은희의 마음도 많이 치료되어 갔다. 표정도 한결 밝아졌다. 아주 짧은 기간이지만 말씀을 전해 주면 김은희는 마치 스펀지가 물을 쫙 빨아들이듯 받아들이는 것을 박 집사는 느꼈다. 마음속으로 '이 분을 잘 양육하면 앞으로 참 좋은 동역자가 되겠구나' 싶었다.

은혜를 맛보다

"집사님, 성경책을 선물해 주셔서 감사합니다. 이 성경을 어떻게 읽으면 좋을까요? 그리고 저 혼자 기도를 한 번도 해 본 적이 없어서 어떻게 기도해야 하는지도 모르겠어요. 좀 가르쳐 주세요."

"네, 성경을 처음 읽으시니까 처음에는 구약 창세기부터 신약 요한계시록까지 빠른 속도로 일독을 하세요. 그 다음은 시간이 되시면 구약 5장, 신약 5장을 매일 읽으시면 좋을 거예요. 그러고는 매일 큐티를 하실 때는 정독을 하시면서 오늘 나에게 주시는 말씀이 무엇인지, 깊이 묵상하면서 그 말씀을 두고 기도하시면 좋아요. 그래서 매일 말씀을 영적 양식으로 먹는다는 표현이 있지요."

"큐티라니요?"

"네, 큐티(QT)는 콰이어트 타임(Quiet Time)의 약자인데요, 매일 하나님과 개인적으로 만나는 시간을 말합니다. 이때 성경 말씀을 읽고 하나님의 음성을 듣고 묵상하며 그것을 삶에 적용함으로써 변화와 성숙을 이루는 일종의 경건 훈련이지요."

"엄청 부지런해야 하겠군요. 그동안 저는 세상일에만 바쁘게 지냈지, 이렇게 열심히 말씀을 먹는다는 것은 상상한 적이 없었어요."

"말씀을 외우면 더 좋고요. 어떤 분들은 성경을 직접 손으로 필사하면서 외우기도 합니다."

"그러면 기도는 어떻게 해야 하지요? 어떤 형식이 있나요?"

"기도는 신앙생활에서 아주 중요한 호흡과도 같은 것입니다. 우리가 호흡하지 않고 살 수 없듯이, 그리스도인은 기도하지 않고 신앙생활을 할 수 없습니다."

"기도가 호흡하는 것이라구요?"

"네, 성경 읽기는 영적 양식을 먹는 것이고, 기도는 호흡을 하는 것입니다. 신앙인의 삶에서 이 둘이 빠지면 죽은 신앙같이 됩니다. 그래서 아주 중요합니다. 기도에 일정한 형식은 없구요, 육신의 아버지에게 말하는 것같이 내 마음을 하나님 아버지께 진솔하게 말씀드리는 것으로 생각하면 돼요. 정직하고 진실되게 마음을 털어놓는 것이 중요해요. 하나님은 우리의 머리털이 몇 개인지까지 모두 아시고, 형편과 마음의 동기까지 다 아시는 분이니까 숨길 것이 없어요. 아프면 아프다, 힘들면 힘들다, 괴로우면 괴롭다고 솔직하게 다 털어놓으면 되는 겁니다. 심지어는 이유 없이 성도님을 괴롭히는 사람에 대해서도 미워하는 마음을 그대로 다 이야기하셔도 됩니다."

"항상 기도하는 마음으로 살아야겠군요. 기도에 어떤 순서가 있나요?"

"저는 먼저 감사한 것을 기도하고, 다음으로 회개하는 기도를 하고, 그 다음으로 간구하는 기도를 드립니다. 마지막에는 꼭 예수님 이름으로 기도하고서 '아멘!' 하면 됩니다."

"다른 분들이 하길래 저도 따라하기는 했지만, 기도 끝에 하는 '아멘'이 무슨 뜻인지는 잘 모르겠어요."

"네, 아멘의 뜻은 원래 '확실하다, 진실되다, 그러하다'는 뜻에서 유래된 말로 '우리가 기도드린 것이 꼭 그렇게 되기를 바랍니다, 꼭 그렇게 이루어 주십시오' 하는 의미입니다."

"아, 그러니까 기도 후 꼭 '아멘'을 해야 하는 거네요. 그러면 기도 시작은 어떻게 해야 할까요?"

"우리가 일상생활에서 대화하듯이 먼저 대화의 대상을 불러야 하겠지요? '하나님', '하나님 아버지' 또는 '주님' 그렇게 부르고 시작하면 됩니다. 또 기도는 언제나 말씀을 포함하기 때문에 말씀과 기도는 분리될 수 없습니다. 기도는 하나님과의 교제이고 대화입니다. 대화니까 기도하고 나서는 하나님께서 하시는 말씀을 들어야 합니다."

"아하, 하나님의 말씀을 듣는 것도 기도이군요."

"기도에는 하나님의 말씀을 묵상하고 듣는 시간이 꼭 있어야 합니다. 하나님의 말씀을 듣는 것은 쉬운 일이 아니어서 훈련이 필요해요. 그래서 기도할 때는 모든 바쁜 일이나 급한 일은 다 잊어버리고 조용한 대화의 분위기에서 그분과의 시간을 갖는 것이 좋습니다. 그래서 저는 새벽기도가 좋더라고요. 집중도 잘 되고요. 시편을 많이 읽으면 어떻게 기도해야 하는지 많이 도움이 되는 것 같아요."

"구약성경에 있는 시편 말씀이군요. 많이 도움이 되겠네요."

"네, 시편은 시적인 표현으로 하나님을 노래하는 책이지요. 사실 교회에 오래 다닌 사람들도 어떻게 기도하는지 잘 모르는 사람이 많습니다. 심지어는 예수님 제자들도 어떻게 기도해야 하는지 잘 몰랐다고 하지요. 그래서 제자 중 한 사람이 예수님께 기도를 가르쳐 달라고 했습니다."

주여, 요한이 자기 제자들에게 기도를 가르친 것같이 우리에게도 가르쳐 주옵소서(누가복음 11장 1절).

"제자들의 요청에 대해 예수님께서 가르쳐 준 기도의 내용이 바로 주기도문에 나와 있습니다."

박 집사는 김은희 앞에 놓여 있는 성경책을 집어 들더니 성경 표지판을 넘겨 맨 앞장을 연다.

"여기 보세요. '주기도문(主祈禱文)'이라고 있지요?"

하늘에 계신 우리 아버지여, 이름이 거룩히 여김을 받으시오며, 나라가 임하시오며, 뜻이 하늘에서 이루어진 것같이 땅에서도 이루어지어다 오늘 우리에게 일용할 양식을 주시옵고, 우리가 우리에게 죄지은 자를 사하여 준 것같이, 우리 죄를 사하여 주시옵고, 우리를 시험에 들게 하지 마시옵고, 다만 악에서 구하시옵소서, 나라와 권세와 영광이 아버지께 영원히 있사옵나이다. 아멘!

"하나님은 우리의 모든 것을 다 아시는 분이니까 '무엇을 먹을까, 무엇을 입을까' 하는 것은 예수를 믿지 않는 세상 사람들이 구하는 것이라고 하셨어요. 대신 그런 것 말고 하나님 나라와 의를 먼저 구하라고 하셨습니다."

"하나님 나라와 의라고요. 좀 쉽지 않은 말이네요."

"그래요. 차차 알게 될 거예요. 기도에서 중요한 것은 하나님 아버지의 뜻대로 구하는 일입니다. 그래야 기도가 응답되는 것이지요. 만일 내 뜻대로 구하면 응답이 되지 않습니다. 하지만 기도가 응답되지 않더라도 포기하지 말고, 쉬지 말고 간절히 기도하라는 예화도 말씀하셨어요."

구하라 그러면 너희에게 주실 것이요, 찾으라 그러면 찾아낼 것이요 문을 두드리라 그러면 너희에게 열릴 것이니, 구하는 이마다 받을 것이요, 찾는 이마다 찾아낼 것이요 두드리는 이에게 열릴 것이니라, 너희 중에 아버지 된 자로서 누가 아들이 생선을 달라 하는데 생선 대신 뱀을 주며 알을 달라 하는데 전갈을 주겠느냐? 너희가 악할지라도 좋은 것을 자식에게 줄 줄 알거든 하물며 너희 하늘 아버지께서 구하는 자에게 성령을 주시지 않겠느냐?(누가복음 11장 9-13절).

"그러니까 우리가 받지 못하는 것은 구하지 않았기 때문이라는 말씀이지요."

"김은희 성도님!"

박 집사는 심각한 표정을 지으며 김은희를 부른다. 김은희는 평소답지 않은 박 집사의 표정에 살짝 당황함을 느꼈다.

"사실은 제가 여러 해 전에 유방암에 걸린 적이 있었어요."

박 집사는 기도 응답에 관해 이야기하면서, 자신의 투병 생활을 김은희에게 공개한다.

"유방암요? 정말요? 그런데 지금은요?"

김은희는 박 집사가 유방암을 앓았었다는 이야기를 믿을 수가 없었다. 너무나도 건강해 보였다.

"암 진단을 받고 나서 정말 낙망했어요. 아직 젊은 나이인데 암이라니……. 게다가 병원에서는 말기라고 더 손을 쓸 수도 없다고 하더라고요."

"그런데… 어떻게…?"

"병원에서 손을 떼니 자연히 하나님께 매달리게 되었어요. 40일 작정 새벽기도를 하기로 작정했어요. 그런데 40일이 거의 다 되도록 아무 응답이 없는 거예요. 그래도 작정한 기도를 하러 마지막 날 새벽에도 교회에 갔는데, 이때 하나님께서 말씀으로 응답해 주신 거예요."

"응답을 받으셨군요. 정말 다행이에요."

"끝까지 포기하지 않고 기도하는 것이 얼마나 중요한지 그때 깨달았어요. 하나님은 끝까지 자신을 의지하는지를 보시는 것 같았어요."

"기도는 하는데 응답이 없다면 죽은 신 또는 미신처럼 큰 바위나 큰 나무 또는 사람이 부어 만든 불상에 기도하는 것하고 똑같지요. 그런 우상은 응답을 주지 못하지요. 그러니 계속 기도할 필요도 없지요. 기독교는 살아 계신 하나님에게 기도하기 때문에 분명히 응답을 받습니다."

"그동안 기도한 것 다 응답받으셨나요?"

"어떤 기도는 즉시 응답하시는데, 어떤 기도는 10년, 20년도 걸리기도 하는 것 같아요. 제가 친구를 위해서 30년을 기도해 왔는데요, 전혀 교회에 안 나갈 것 같던 그 친구가 최근에 교회에 나가고 있어요. 이 친구를 보고도 끈질기게 포기하지 말고 기도해야겠다는 생각이 확실해졌어요."

"다 하나님의 때가 있나 봐요."

"네, 그래요. 그때그때 그 사람의 형편과 처지와 기질을 따라서 응답하시는 방법도 다르고 때도 다른 것 같아요. 중요한 것은 모든 기도는 응답받는다는 것입니다. 그것이 예스(Yes)든 노(No)든 다 응답은 있습니다, 노(No)인 경우도 확실히 있어요. 당시에는 너무나 서운한 마음이 컸더라도, 나중에 보면 그때 그 기도를 안 들어주신 것에 감사하게 되더라고요. '더 좋은 것으로 주시려고 그때 기도를 안 들어주셨구나' 하는 것을 알 수도 있었지요. 그때는 기도를 안 들어주셔서 하나님께 삐졌었는데 말이지요. 하하하……."

"하하하……."

"그런데 어떤 응답은 무응답이 응답이기도 합니다."

"어떻게 무응답이 응답이 됩니까?"

"네, 지금은 무응답인데 나중에 보면 '아하!' 하고 깨달을 때가 옵니다. 만일 우리의 기도가 모두 응답된다면 세상이 엄청 불행해질 수도 있습니다."

"그건 왜 그렇습니까?"

"지금 믿음의 상태가 어린아이와 같은데 칼을 달라고 기도한다고 해서 칼을 덥석 준다면, 위험한 일이 생길 수도 있잖아요."

"아이가 칼을 가지고 있으면 손을 베든지 생각 없이 다른 사람을 찌르든지 무슨 일이 일어나겠네요."

"네, 그래서 우리의 영적 상태를 잘 아시는 하나님은 지금 칼을 주어서는 안 되겠다고 생각하시고 주지 않으시는 것이겠지요. 우리에게 가장 좋은 것이 무엇인지 잘 아시는 분이 가장 좋은 것으로 우리에게 주신다는 것입니다. 만일 기도한 대로 다 응답이 된다면 이 세상은 오히려 혼돈된 세상이 될 수도 있습니다. 그래서 어떤 분은 '노'(No)라는 응답이 최고의 기도 응답이 될 수 있다고노 했습니다."

박 집사가 자기의 경험에서 나온 기도에 관해 이야기해 주니 김은희는 쉽게 이해할 수 있었다.

"그런데 기도를 많이 해서 은혜가 충만해지면 반드시 사탄과 마귀는 그 받은 은혜를 쏟아 버리게 만듭니다. 그러니 기도하고 은혜를 많이 받은 날은 오히려 조심해야 해요."

박 집사는 이런 경험을 많이 했다. 기도를 많이 하고 은혜가 충만해서 기쁨으로 집에 돌아왔는데 남편이 별것 아닌 것을 가지고 버럭 소리를 지르고 성질을 내는 경우가 있었다. 그런 경우에 박 집사가 함께 맞대응하며 말대꾸하기도 했다. 결국 싸움이 커져서 며칠 동안 서로 말도 안 하고 지내기도 했다.

기도가 깊어지고 성령이 충만하면 사탄과 마귀는 아예 범접도 못 하지만, 그럼에도 사탄과 마귀는 어떻게든 사람의 마음의 평화와 기쁨을 빼앗아 가려고 애를 쓴다. 신앙생활이 항상 성령 충만해 있을 수만은 없다. 그래서 업 앤 다운(Up and Down), 즉 상태가 올라갈 때도 내려갈 때도 있게 마련이다.

"기도는 전적으로 개인적이지만, 하나님은 모여서 합심하여 기도하는 것을 기뻐하십니다. '두세 사람이 내 이름으로 모인 곳에는 나도 그들 중에 있느니라'(마태복음 18장 20절)고 하셨거든요."

"와! 그럼 오늘 우리가 이곳에서 만날 때 하나님이 우리와 함께하셨겠네요. 아까 기도할 때 마음이 얼마나 뜨거웠는지 몰라요. 그래서 자연스럽게 '아멘'이 나온 것 같아요."

김은희가 마음이 뜨거워졌었다는 말에 박 집사는 감사했다. 분명 하나님이 자기 기도를 들어주신 것에 감사했다. 사실 박 집사는 기도 중에 하나님이 김은희를 사랑하고 계시다는 것을 확실하게 느끼고 있었다.

여러 사람을 위해 기도해 주었지만, 어떤 때는 도무지 기도가 위로 올라가지 않는 것같이 느껴지거나 기도가 튕겨 나오는 것같이 느낄 때도 있었다. 반면에 어느 분을 위해 기도할 때는 기도를 하면서도 기쁨이 있고 기도가 술술 풀리는 경험을 한다. 마치 그분에 대해서 예언해 주듯이 기도가 나올 때도 있다. 그래서 기도는 하면 할수록 깊이가 있게 되고, 주님을 찬양하거나 주님의 이름을 높여 영광을 드리는 기도가 점점 더 많은 분량을 차지하게 되는 것이다.

기도하면 할수록 믿음이 한 단계 업그레이드되는 것을 본인도 느끼게 된다. 자기 가족을 위한 기도에서 남을 위한 기도로, 또 교회들과 선교사들 그리고 나라를 위한 기도로, 또 하나님 나라를 위한 기도로, 마귀 사탄을 대적하는 기도로 발전해 나가는 것처럼 기도의 차원이 점점 높아지는 것을 느끼게 된다.

지금 박 집사는 자신의 기도가 성령님과 대화하는 단계에까지 간 것으로 느끼고 있다. 그녀가 하는 기도는 하나님의 뜻에 합한 기도였다. 일방적으로 기도하는 사람이 축복을 간구하거나, 아니면 주님의 뜻과 상관없이 주님께 '나 이렇게 하겠습니다' 하는 식의 선언과 통보 형식의 기도가 아니었다. 오직 주님의 뜻을 물어보고, 주님께서 주시는 말씀에 순종하며 가려는 마음이 충만한 상태의 기도인 것이다.

용서와 화해의 물결

트럭 기사가 약속한 시각보다 30분 정도 일찍 와서 밖에서 기다리고 있었다. 손에는 보자기가 들려 있었다. 아마 묘소에 소주라도 한 잔 놓고 사죄를 하려는 모양이다. 김은희는 자신의 차에 트럭기사를 태우고 말없이 경기도 광주 방향으로 달렸다.

한참 동안 서로 말이 없었다. 그것도 그럴 것이 아무리 용서했다고 해도 아직 김은희의 마음 한구석엔 미운 감정이 남아 있었고, 트럭기사 입장에서도 뭐라고 말을 꺼내기 어려운 상황이었다. 차를 타고 가는 내내 묘한 감정이 엇갈리고 있었다. 남편을 치어 죽인 원수와 함께 차에 나란히 타고, 남편의 묘소에 간다는 것을 누가 쉽게 이해할 수 있겠는가? 참 어색하기 짝

이 없는 분위기였다.

차는 광주 지방도로에서 좌회전하고는, 시안 공원묘지라는 표지판이 있는 곳으로 올라갔다. 한참을 올라가 김은희는 남편의 무덤이 있는 곳 주변 도로변에 차를 세웠다. 묘지들이 열을 지어 질서정연하게 늘어서 있었다.

조그만 비석들을 힐끔힐끔 쳐다보며 김은희가 올라갔고, 트럭기사는 그 뒤를 주춤주춤 따라갔다. 비석에는 망자들의 이름과 언제 태어나서 언제 죽었는지 기록되어 있다. 수를 다하고 죽은 이도 있고 젊은 나이에 떠난 이도 있었다.

'돌아가신 분이 나의 운전 실수로 제 명을 다 하지 못하셨구나' 하는 마음이 들자, 트럭기사는 갑자기 눈시울이 붉어졌다. 한참 재미있게 살아 볼 나이에 떠난 고인을 생각하니 죄송한 마음이 더 들었다.

길에서부터 묘지를 12기쯤 지나 김은희는 걸음을 멈추고 주저앉아 묘비 앞에 가져온 꽃을 화병에 꽂아 놓는다. 그러고는 주저앉아 넋두리를 시작한다. 옆에 운전기사가 있다는 것도 의식하지 않는 눈치였다.

"여보! 동수 아빠!"

김은희는 무덤의 주인을 부르고는 한참 말을 잇지 못한다. 용서하겠다는 결심이 흩어질까 봐, 오늘 동수에게는 알리지 않고 무덤을 찾은 것이었다. 동수에게는 상황이 진행되는 대로 이야기하려고 했다.

"왜 여기 누워 있는 거예요? 둘이 함께 여행 가자고 해 놓고는 그 약속도 안 지키고 혼자 이렇게 가 버리면 나는 어떻게 살라고…."

눈물 콧물이 범벅이 되어 소리 놓아 운다. 뒤에 멀뚱하니 서 있던 트럭기사는 도무지 안절부절못하고 있었다. 어떻게 처신할지 몰라 하다가, 가져온 막걸리와 안주를 꺼내 놓고 김은희의 옆에 무릎을 꿇고 앉는다.

"여보, 동수 아버지! 여기 이 사람 알겠어요? 잘 모르죠? 이 사람이 바로 당신을……. 얼마 전에 5년 형을 마치고 출감했답니다. 그러고는 당신을 만나야 한다고 해서……."

트럭기사는 머뭇거리면서 울음기 섞인 목소리로 사죄를 빈다.

"선생님 제가 정말 잘못했습니다."

트럭기사는 넙죽 엎드리면서 말을 잇는다.

"제 실수로 여기 누워 계시게 해서 죄송합니다. 전적으로 제가 잘못했습니다. 제 잘못을 용서해 주셔요. 저도 죄책감 때문에 밤낮 괴로워 잠을 못 잡니다. 괴로워서 아무 일도 할 수가 없어요. 그러니 제발 저를 용서해 주세요."

마음속에서부터 우러나서 묘지까지 찾아와 눈물로 용서를 구하는 트럭기사의 모습을 지켜보던 김은희는 울음을 멈추더니 조용한 말로 남편에게 고한다.

"여보, 여기 당신을 죽인 운전기사 이 사람을, 나는 도저히 용서할 수 없었어요. 하지만 교회에서 배운 하나님 말씀대로 용서하기로 했어요. 이제 당신도 이 사람을 용서하면 좋겠어요. 그래야 이 사람도 마음의 짐을 벗고 뭐라도 할 수 있지 않겠어요?"

말을 마치자마자 또 눈물을 흘리며 소리 내서 운다.

"우리, 속 시원하게 용서합시다. 그래야 하나님도 우리 잘못을 용서해 준다 합디다."

김은희는 눈물을 닦으며 사방을 돌아본다. 남편이 자기 곁에 있다는 느낌이 들었다. 그녀는 더 이상 울지 않았다. 오히려 입가에 살짝 미소를 머금고 있다. 갑자기 희색을 띤 김은희의 밝은 얼굴을 본 트럭기사는 영문도 모른 채 멍하니 서 있었다.

둘은 한참을 묘지 앞에 있었다. 감정을 추스를 무렵이 되어서야 비로소 주변의 풍경이 눈에 들어오기 시작했다. 하늘은 무척 맑았고, 주변 산에서는 새소리가 청량하게 울려 나왔다. 공기는 산뜻했고 살랑살랑 바람도 불어 왔다. 비록 남편은 떠났지만, 그 영혼이 자신과 함께 있다는 안도의 마음이 들었다. 김은희는 하늘로 날아갈 만큼의 가벼움을 느꼈다.

"그만 내려갑시다. 이제 마음이 후련해졌습니까?"

"예, 저도 용서를 받았다고 생각하니 마음이 좀 시원합니다."

"앞으로 다 잊어버리고 열심히 사세요. 그래야 애 아빠도 좋아할 겁니다."

"네, 고맙습니다. 열심히 살겠습니다."

트럭기사는 김은희를 쳐다보면서 고개를 몇 번이나 끄덕이며 인사를 했다. 운전하면서도 김은희는 마음에 기쁨이 있었다. 돌아가는 길에는 어떻게 운전했는지 기억이 안 날 정도였다.

어느덧 성남에 들어섰다. 분당 야탑역 근처에 트럭기사를 내려주고 김은희는 집으로 돌아왔다. 트럭기사를 용서하고 남편 묘지까지 다녀오니, 밀린 숙제를 다 한 것 같았다. 집에 돌아와 잠시 쉬는 동안 마음은 한결 후련해진 것 같은데, 마음 한구석이 텅 빈 것 같은 허전함은 어찌할 수가 없었다. 유명 가수가 공연을 성공리에 마치고 열화와 같은 박수를 받은 후 집으로 돌아오는 길에서 느끼는 외로움과 허전함 같은 것이라고나 할까. 쉽게 채워지지 않는 마음의 허탈함 같은 것이 밀려왔다.

도대체 이것이 무엇인가? 물론 교회에 나간 지는 얼마 되지 않았지만, 전에는 세상 낙이라도 있었는데, 이제 그런 낙은 아니더라도 마음에 평화는 있는 셈인데, 지금 이 공허함을 느끼다니, 참 이상한 일이라 생각이 들었다. 자기의 마음을 알아주고 말 상대를 잘해 주는 박 집사가 생각났다.

"여보세요, 박진숙입니다."

"아, 네. 저 은희입니다. 방금 남편 묘지에 다녀왔어요."

"아, 그러셨군요."

"트럭기사하고 같이 다녀왔습니다. 이제 다 용서하고 나니 속이 시원합니다. 그런데 왜 갑자기 마음이 외롭고 허전한지 모르겠네요. 혹시 시간 괜찮으시면 차 한 잔 할까요?"

박 집사도 트럭기사와 함께 남편 묘지까지 다녀왔다는 은희의 말보다 마음이 허전하다는 뒷말에 무슨 일이 있었나 궁금해졌다.

"네, 제가 하던 일이 있어서 1시간 후에 나갈 수 있을 것 같은데요, 괜찮으세요?"

"네, 좋아요. 1시간 후에 뵙겠습니다."

박 집사는 담그고 있던 김치를 양념에 버무려 둥근 유리병에 넣어서 서늘한 베란다에 내어놓고 나서, 옷을 갈아입고 카페로 향했다.

"여기요!"

먼저 온 김은희는 손을 흔들어 보이며 반겼다.

"아이고, 어려운 일 하셨네요."

"용서하고 나면 후련하고 다 끝나는 줄 알았는데 그게 아닌가 봐요. 집에 돌아와서 잠시 쉬는데 외로움이 쏴 밀려오고 마음이 텅 빈 것 같은 공허함이 느껴지더라고요. 왜 그럴까요?"

박 집사는 잠시 말이 없다.

"우리 차부터 시킬까요."

카운터로 가면서 박 집사는 용서 이후의 공허함에 대해 곱씹고 있었다. 자리에 돌아와서 박 집사는 김은희의 얼굴을 살피며 조심스럽게 말을 시작했다.

"용서하면 당연히 마음이 시원하고 자유로워야 하는데 공허함을 느끼는 것은 이런 것 아닐까요? 사람의 본심에는 나에게 피해를 준 사람에게 똑같이 가해해서 복수하겠다는 마음이 있고, 그렇게 복수를 해서 얻는 쾌감 같은 것도 있는 것 같아요. 그런데 용서하고 나면 그 복수의 기회를 상실했다는 실망감 같은 것이 인간 내면에 깔린 것 아닐까요?"

"맞아요! 듣고 보니 딱 그런 것 같네요."

"이 이야기는 미국의 이야기인데 경우가 비슷해서 소개합니다. 자기 딸을 죽게 한 사람에 대한 불타는 복수심에 사로잡혀 살아가는 '로저'라는 사람이 있었어요. 자전거를 타고 가는 자기 딸 '사라'를 죽인 사람에게 원수를 갚고 싶었던 것입니다. 사고를 낸 기사는 음주 운전으로 면허가 취소되었고, 과실치사 혐의로 감옥살이를 하게 되었지요. 그러나 로저는 이 사건을 그 정도로 끝낼 수 없었습니다. 출소하는 날 범인을 죽이려고 로저는 준비한 총을 쐈다고 합니다. 이젠 거꾸로 로저가 살인미수 혐의로 체포되고 말았어요. 그런데 놀랍게도 살인을 의도했던 로저는 무혐의로 풀려날 수 있었다고 합니다. 배심원들은 일말의 가책도 느끼지 않는 그 기사에게 어떤 반감을 느꼈던지, 만장일치로 무죄 선고를 내린 것입니다."

"무죄라고요?"

"로저는 감옥생활은 면했지만, 여전히 만족할 수가 없었고, 로저 부부 두 사람은 딸을 죽인 기사에 대한 복수로 여전히 이를 갈고 있었지요. 안타까운 마음에 이웃이 로저에게 물었습니다. 그 살인자가 총에 맞아 고통 속에 쓰러지는 것을 본 것으로 만족할 수 없느냐고요. 로저는 그럴 수 없다고 단호하게 대답했어요. 그자가 죽는 것을 보지 않는 한 결코 만족할 수 없다는 것입니다. 그의 아내에게 어떻게 생각하느냐고 물어보았는데. 부인의 대답은 더 놀라웠습니다."

"뭐라고 대답했는데요?"

"남편이 그자를 죽이게 놔두지 않을 거라구요. 그렇게 되면 자신이 죽일 수 없다면서요. 자기 손으로 직접 방아쇠를 당기고 싶다고, 그래서 자기 눈으로 그자가 죽는 것을 직접 봐야겠다고, 그리고 모든 책임을 자기가 지고 싶다고 말이에요."

"엄청난 생각이었군요."

"이 부부의 고통과 분노가 얼마나 큰 것인지 알 수 있겠지요? 두 사람이 겪은 아픔을 상상조차 할 수 없는 것이지만, 하나 분명한 것은 살인자가 받은 그 정도의 형벌로는 정의가 실

현되었다고 보기는 어려운 거지요. 그 살인자가 보여준 도덕적 무감각과 일말의 가책도 느끼지 않는 뻔뻔함에 모든 사람은 치를 떨었지요. 그러나 한편으로 본다면, 이런 분노가 아이 부모를 더욱 비참하게 만들 뿐이라는 것 때문에 더 괴로운 것입니다."

"그렇겠어요."

"딸의 죽음을 통해 한 번의 지옥 같은 고통을 경험한 이들 부부는 이번엔 복수심과 분노 때문에 다시금 지옥 같은 생활을 한 것입니다. 그들은 하루하루 증오와 쓴뿌리라는 치명적인 암에 병들어 갔습니다."

"쓴뿌리라구요? 그게 뭐예요?"

"네, 쓴뿌리는 마음에 깊이 박힌 분노, 좌절감, 괴로움, 원망 등 부정적인 감정 상태를 뜻하는 비유적인 표현인데요. 과연 딸 사리는 부모님이 이렇게 되길 원했을까요? 분노와 원한을 통해 그 살인자의 삶이 아니라 자신들의 삶을 망치면서 살아가는 것을 딸이 원했을까요? 과연 로저 부부에게는 용서라는 개념이 있었을까요? 자신들을 괴롭히는 쓴뿌리에서 자유로워지는 것이 과연 가능할까요?"

"저는 용서를 통해서 다 해결될 것이라고 믿어요."

"어떤 사람은 훌훌 털어 버리고 참 자유를 얻는 사람도 있지만, 여전히 절대 용서는 안 될 일이라며 용서하기를 포기하고 좌절과 절망을 느끼며 복수심에 가득 차서 영혼이 말라가는 사람도 있지요. 그러니까 김은희 성도님의 내면에는 이 로저 부부처럼 내가 직접 죽여서라도 원수를 갚아야겠다는 잠재의식 같은 것이 있었고, 그 대상이 이제 사라지자 갑자기 마음이 공허해진 것이 아닐까요?"

"저는 그런 것을 못 느끼고 있었지만, 마음 한구석에 불타는 복수심이 있었던 것은 사실입니다. 그래서 무언가 모르는 공허함을 느꼈는지 모르지요."

박 집사는 더 깊은 얘기를 한다. '사실 용서가 말하기는 쉬워도 실제로 행하기는 어려운 것이다. 김은희 성도가 겪은 것을 다 표현할 수 없었겠지만, 교회를 다니면서 용서를 배우고 상처를 극복해 가는 것은 흔한 일은 아니다. 우리가 상처를 입었을 때 용서하지 않는 한 어떤 치유도 일어날 수 없다. 이것은 하나님이 주신 영적 원리이다. 중국 속담에 복수하기로 마음먹은 자는 무덤을 두 개나 파는 격이라는 말이 있듯이 복수는 자신을 오히려 더 절망의 늪으로 빠지게 만드는 법이다. 반면, 용서는 평화와 행복으로 가는 길인 것이다. 우리가 용서를 말할 때는 죄를 용납하는 것에 그치는 것이 아니라 죄인까지도 감싸주고 다시 일으켜 주고 회복시켜 주는 것까지 포함해야 한다. 이것이 성경이 말하고 있는 역설적인 용서의 원리'라고 박 집사는 힘주어 말했다.

원수를 사랑하며 너희를 박해하는 자를 위하여 기도하라(마태복음 5장 44절).

네 원수가 배고파하거든 음식을 먹이고 목말라하거든 물을 마시게 하라 그리하는 것은 핀 숯을 그의 머리에 놓는 것과 일반이요 여호와께서 네게 갚아 주시리라(잠언 25장 21-22절).

"김은희 성도님, 그동안 트럭기사에게 분노의 앙갚음을 하면 마음이 후련할 것이라는 생각으로 가득 채워졌던 성도님의 잠재적인 내면을, 원수까지도 사랑하는 마음으로 가득 채우시면 고차원적으로 원수를 갚는 것이 되지요. 예수님의 말씀대로 원수의 영혼도 불쌍히 여기는 주님의 사랑으로 가득 채울 때, 그러한 공허함이나 허전함이 사라지게 될 것입니다."

"듣고 보니 제 잠재의식 속에 그런 것들이 들어 있었던 것이 맞는 것 같아요. 그 분노로 불타는 마음과 앙갚음의 대상이 사라지니까 그와 더불어 허전함이 몰려왔던 것 같네요. 오늘 만나기를 참 잘했어요. 제 속에 있는 분노와 증오심을 사랑으로 채우도록 노력하겠습니다. 오늘 너무 감사합니다."

헤어져 집으로 돌아오는 길에 김은희는 자기의 영적 상태를 생각해 보았다. 전에는 자신의 소갈머리가 주먹만 한 크기로 편협하고도 속 좁은 여자였다면, 이제는 원수 같은 인간까지 사랑으로 용서한다고 생각하니 '참으로 자기 영혼이 한 단계 높은 삶을 살아가고 있구나' 하는 생각이 들었다. 자기의 발걸음을 교회로 인도한 하나님께 감사하지 않을 수 없었다.

자기에게 죄 지은 자를 용서하는 것이 얼마나 중요한지 깨달은 김은희는 평소에 여러 가지 이유로 자기와 관계가 안 좋은 사람들을 꼽아 보았다. 우선은 함께 사는 아들 동수였다. 아들은 아버지가 돌아가신 후 말수가 적어지고 표정도 늘 우울했다.

혹시라도 홀어머니와 살면서 아비 없는 자식이라는 소리를 들을까 봐, 계속 잔소리를 하다 보니 사이가 나빠졌다. 대화가 잘 되지 않았다. 누군지는 모르지만, 대화란 '대놓고 화내는 것'이라고 했다는데, 이 말이 정말 딱 맞는 말이라고 생각될 정도였다.

동수는 아버지가 살아 있을 때는 아버지를 항상 자기의 경쟁상대같이 여기는 한편 친한 친구처럼 생각하기도 했다. 말하자면 가깝고도 먼 친구 사이 같은 것이었다. 그런 아버지의 존재가 갑자기 사라지다 보니, 경쟁상대와 친구를 동시에 잃은 셈이 되었다. 결국 두 배로 허전한 마음을 어떻게 할 줄을 모르다가 외톨이가 되어 버렸다. 그런 동수에게 여러 번 대화를 시도해 보았지만 결국은 말싸움으로 끝나곤 했다.

아들의 눈치를 살피며 김은희는 대화의 실마리를 풀어보려고 여러 번 노력했다. 하지만 아들은 무슨 눈치를 챘는지 "네, 아니요, 맞아요"식의 단답형으로 대답할 뿐이다. 답답해서 목소리가 높아지면서 결국 말다툼으로 마치곤 했다.

아들이 모처럼 일찍 집에 돌아온 날, 김은희는 정성 들여 저녁을 차렸다.

"아들, 요즘 힘들지? 많이 먹어라. 얼굴이 좀 야윈 것 같네? 용돈을 충분히 못 줘서 그런가 보다."

"괜찮습니다. 알바로 충분히 벌어서 씁니다."

"와! 너 요즘 알바하고 있니? 어쩐지 집에 늦게 들어온다 했더니…."

"좀 됐습니다."

어떻게든지 말을 이어 보려고 김은희는 웃음 띤 얼굴로 아들의 얼굴을 주시하며 말을 조심스레 계속 이어간다

"일바 힘들지 않니?"

"할 만합니다. 남들 다 하는 건데……."

"어디서 하니?"

궁금해서 추궁하듯 계속 묻는다.

"신사동 사거리에 있는 커피점에서요."

"와! 우리 아들 커피 잘 만들겠네?"

아들은 갑자기 반색하며 묻는다.

"근데 요새 엄마 말투가 많이 바뀐 것 같은데, 무슨 일 있었어요?"

요즘 들어 극도로 말을 아끼고 조심하는 김은희의 말투와 행동에서 무언가 변화가 생겼다는 것을 아들이 눈치챈 것일까? 평소 퉁명스럽고 말이 없던 아들이 오늘은 말을 좀 많이 하는 편이었다.

"나 요즘 교회 나간다."

동수는 갑자기 놀라는 표정을 지으며 눈을 크게 뜨고 엄마를 뚫어지게 바라본다.

"교회요? 와… 엄마가 교회를…?"

믿지 못하겠다는 듯 신기한 표정을 짓는다.

"누가 전도라도 했어요? 요즘 신천지 같은 이단들도 많다고 들었는데 그런 이단 교회 아니에요?"

"그런 교회 아니다. 누가 인도한 것은 아니고, 나도 모르겠어, 어떻게 교회에 나가게 되었는지……. 그냥 혼자 가게 됐다고나 할까."

"와! 우리 엄마가 뭐에 완전히 홀렸나 봐."

"교회 나가서 많이 배웠다. 그리고 그 트럭기사도 용서하고 함께 아버지 묘지에도 갔다 왔다."

"엄마, 지금 무슨 얘기를 하는 거예요?"

동수는 도저히 이해하지 못하겠다는 표정을 짓는다.

"그 자식을 용서하고 또 함께 묘소에도 갔다 왔단 말입니까?"

동수의 목소리가 커졌다.

"그래. 용서하고 나니 내 마음도 후련하고 평안하더라. 그 기사가 내가 그렇게 면박을 줬는데도 계속 찾아와 용서해 달라고 빌더라. 자기가 용서받지 않고는 아무것도 할 수 없고 잠도 못 잔다고 용서해 달라고 매달리니 어쩌겠니? 그 사람도 살아야지."

잠잠히 듣고 있던 동수는 그 원수 같은 놈을 용서한 엄마가 이해가 되질 않았다.

"용서도 내 의지로는 할 수 없더라."

"아니, 어떻게 그 새끼를 용서했는지, 나는 도저히 이해가 안 돼요."

"예수님이 아니면 용서하지 못했을 거다. 예수님도 자기를 십자가에 못 박아 죽이는 자들을 용서해 주셨단다. 그리고 우리가 우리에게 죄지은 자를 용서하지 않으면 예수님도 우리 죄를 용서해 주지 않으신단다. 그분은 우리 죄를 용서해 주시기 위해서 십자가에 못 박혀 죽으셨다."

"와… 우리 엄마 완전히 예수쟁이가 다 됐네. 아버지를 죽인 그 새끼를 용서해 주다니... 나는 죽어도 용서 못 해요, 절대로."

"그래, 맞다. 나도 도저히 용서 못 하겠더라. 그런데 하나님이 용서하는 마음도 주시더라, 나는 이제 마음이 너무 편하다. 아주 자유로운 몸이 된 기분이다. 전에는 복수심과 분노로 가득 차서 누가 조금만 이상한 말을 하면 대들고 시비를 걸어 싸우곤 하던 내 마음이 용서하고 나니 이렇게 편할 수가 없다."

듣고 있던 동수도 사실은 같은 마음이었다. 누가 조금만 농담해도 이해를 못 하고 시비를 걸고 곧바로 험한 욕이 나오고 자주 분노했던 자신과 엄마의 마음이 같았다는 것을 마음속으로 시인하고 있었다. 친구들이 일상적으로 하는 말이 자기에게는 서운하게 들리기도 하고, 그 말을 되받아치거나 같은 말을 반복해서 기분 나쁘게 만들거나, 해석을 늘 비틀어서 거꾸로 이해하여 말싸움이 잦았다. 그러다 보니 친구들도 많이 떠나가고 이제는 몇 명 남지 않아, 사실 외로움을 겪고 있었다.

요즈음 엄마의 말투가 많이 바뀌어, 핀잔을 주거나 시비조의 말투는 사라지고 많이 순해지고 친절해진 것을 느꼈던 터였다. 동수는 엄마가 그렇게 변한 이유를 듣고 나니 '나도 마음의 상처를 치유받아야 하는데...' 하는 생각이 들었다. 자기 역시 편협된 마음과 마음의 상처 때문에 생긴 쓴뿌리로 주위 사람들을 괴롭혔을 뿐 아니라 자기 자신도 무척 힘든 삶을 살아왔던 것이다.

"근데 교회에 나가면 그렇게 용서가 되나?"

동수의 말투에는 아직도 엄마의 빠른 변화에 대해서 믿음이 가질 않는다는 느낌이 묻어 있었다.

"그래, 그게 쉽게 되겠니? 생각해 봐라. 차가 고장 나면 자동차를 제조한 회사 서비스 센터에 가듯이 사람이 고장 나면 사람을 지으신 하나님에게 가야 하지 않겠니? 내 힘과 의지로는 도저히 안 되는 것들이었는데, 하나님이 내 마음을 변화시켜 주시니 용서가 되더라. 교회에 박 집사님이라는 분이 계시는데 그분이 하나하나 가르쳐 주시고 기도해 주시니까 내 삶이 점점 변해 가더라."

"정말요?"

"나하고 같이 교회에 가자. 교회에 청년들이 제법 많더라. 뭔지 모르지만, 그 애들이 어찌 그리 표정이 밝고 예쁜지, 뭐가 그리 좋아 웃음을 짓고 다니는지, 너도 가 보면 바로 알 수 있을 거다. 어떻게 저 청년들은 저리도 마음이 열려 있는지, 친절한 데다 마음에 쓴뿌리 같은 것이 하나도 없는 것 같더라."

엄마의 말에 동수는 자기의 마음속에도 쓴뿌리가 있다는 것에 공감이 갔다. 아직 엄마처럼 그 원수 같은 트럭기사를 용서할 수는 없지만, 마음속의 자유함이 무엇인지 엄마의 변화된 언행을 통해서 알 것만 같았다.

"금방은 아니지만 언젠가는 엄마하고 같이 교회에 가 보고 싶네요."

"동수야, 고맙다. 그래, 너도 빨리 훌훌 털고 자유로워지거라."

엄마의 변화는 동수에게 큰 도전 같은 것으로 다가왔다. 그리고 자기도 변화되어야 한다고 생각했다. 마음 한구석에서는 무엇이 엄마로 하여금 도저히 용서하지 못할 사람을 용서할 수 있게 했을까, 그 능력이나 힘은 어디에서 온 것인지 궁금했다. 이상하게 동수는 벌써 마음속에서 응어리가 풀어지는 기분이 들었다.

오랜만에 엄마와 평화롭고 기분 좋은 대화를 하고 난 후부터 동수는 헝클어졌던 마음이 정리되었다. 아르바이트하는 동안 손님들에게 미소도 지어 보이며 친절한 말투를 쓰고 있는 자신을 보며 혼자 웃음을 지으며 휘파람도 불어 보았다. 무언가 자기 내면에 쌓여 있던 잡초더미들이 제거된 기분도 들고, 자기를 붙들고 있는 견고한 진이 무너진 것 같기도 했다.

동수와 화해한 김은희의 다음 상대는 시누이였다.

"여보세요."

"저 은희예요."

"오, 언니. 웬일이세요?"

"제가 너무 연락을 못 드려서 죄송해요. 오늘 왜 그런지 보고 싶은 생각이 나서요."

남편이 죽고 나서는 한동안 서로 연락이 없었다. 시누이와는 오빠가 결혼하기 전에는 단짝처럼 잘 지냈고 선물도 잘 사주던 사이였는데, 둘이 결혼한 후에는 오빠의 사랑을 김은희에게 빼앗겼다는 생각에서인지 새언니의 일거수일투족은 시누이의 시빗거리가 되었다. 시기와 질투에 가까운 것이었다.

과거에 시누이와 만나던 날에, 김은희는 몸치장을 아주 검소하게 하곤 했다. 가방, 신발, 머플러, 화장품 등 하나하나에 대해 시비를 걸었기 때문이다. 이것 누가 사 줬냐, 어디서 샀냐, 얼마짜리냐 등등을 따지듯이 물어오는 것이었다. 자연히 둘의 관계는 나빠졌다. 관계가 나빠지니 서로 미움이 커 감으로써 만나는 일을 줄이기도 하고 집에 놀러 오려고 하면 노골적으로 핑계를 대어 오지 못하게 하기도 했다.

"궁금하기도 하고, 보고 싶어서 전화했어요. 한번 만나서 차 한잔해요."

"그러지요. 그럼, 말 나온 김에 언제 만날까요, 언니?"

시누이는 김은희 입에서 보고 싶다는 말이 나오자, 마음이 녹았는지 자기도 보고 싶은 생각이 들었다. 둘은 동수가 아르바이트하는 곳에서 만나기로 했다. 옛날 같으면 동수가 창피하게 왜 여기까지 오냐고 할 텐데, 이제는 동수와의 관계가 좋아져서 굳이 그런 것에 신경 쓸 필요가 없게 되었다.

"고모, 사실은 내가 고모를 보고도 싶었고, 또 고모에게 고백할 것이 있어서 만나자고 했어요."

"갑자기 나를 보고 싶다고 하니 나도 궁금하기도 하고 보고 싶어졌어요. 근데 언니가 나한테 고백할 것이 뭐예요?"

김은희는 그동안 자기가 교회에 다니게 된 이야기부터 오빠를 죽인 트럭기사를 용서하고 함께 오빠의 묘지에 다녀온 이야기를 들려주며 변화된 자기의 삶을 쏟아 놓았다.

"고모! 나는 고모를 은근히 미워했어요. 고모에게 용서를 구하고 회개하려고 해요. 고모에게 용서받지 않으면 죄를 짓는 것 같아서 마음이 괴로웠어요."

"언니! 무슨 용서까지? 내가 용서를 구해야지요."

시누이의 반응은 뜻밖이었다.

"저도 언니를 너무나 시기하고 질투하고 미워했어요. 그러니 제가 용서를 빌어야지요. 사실은 오빠가 나에게 너무 잘해주었고 사랑했던 것, 언니도 아시잖아요? 그런 오빠를 언니에게 빼앗겼다는 생각에 너무 억울한 마음도 들고, 언니를 좋아하면서도 또 밉기도 하더라고요. 그래서 마음에 없는 말도 많이 한 것, 알아요? 언니에게 질투가 나서지요. 정말 미안해요. 그러니 언니가 저를 용서해 주세요. 다 잊어버리고 우리 사이

좋게 지내요."

이번에는 시누이가 용서를 빈다.

"아이고, 용서를 빌러 왔다가 용서받고 가는 꼴이 되네요. 어쨌든 우리 서로 용서하고 사이좋게 지내요."

"맞아요!"

"그러나저러나 고모! 교회에 꼭 나가세요. 정말 좋아요. 전에 몰랐던 내 죄를 싹 다 용서받고, 용서할 사람을 용서하고 용서받으니 마음에 응어리가 싹 없어진 것 같아서 얼마나 마음이 후련한지 날아갈 것 같아요."

"음… 언니가 그렇게 변한 걸 보니 좋긴 좋은 것 같네요. 생각해 볼게요."

둘은 동수가 특별히 뽑아준 라떼 커피를 마셨다. 그러면서 동수가 변화되어 밝은 표정으로 일하는 모습을 보며 활짝 웃었다. 서로의 미안한 감정을 풀고 용서하고, 또 용서를 받고 나니 매인 것들이 녹아져 내리는 기분이었다.

성령의 은사

오늘은 박 집사가 전화를 걸어왔다. 카페가 아닌 교회에서 만나자고 했다. 교회에 가 보니 사십여 명이 모여 기도회를 하고 있었다. 코비드 19로 교회를 떠난 사람들이 다시 돌아올 수 있도록 간구하는 것으로 기도회가 시작되었다.

그동안 코로나 바이러스 때문에 집 안에 갇혀 있으면서 사회적 관계가 끊어져 우울증을 앓고 있는 사람들을 위한 기도로부터, 아픈 교인을 위한 기도, 각자 사모하는 은사를 구하는 기도, 성령 충만을 위한 기도, 자녀들의 진학과 직장을 위한 기도, 그리고 나아가서는 나라와 교회를 위한 기도까지 이어지고 있었다. 기도하러 나온 분들은 사십여 명쯤으로 보였다. 중년 이상의 여성 교인들이 많았다. 기도회는 처음에는 조용하게 시작되었으나 시간이 지나면서 용광로처럼 뜨거워졌다.

그런 모임에 처음 참석한 김은희는 약간은 당황한 태도로 그냥 가만히 앉아 있었다. 그러다가 기도가 절정에 이를 때 눈을 약간 뜨고 기도하는 사람들을 둘러보았다. 소리를 높여 통성으로 기도하는데, 어떤 분은 손을 들고 위를 바라보면서, 어떤 분은 손뼉을 치면서 탄식하는 모습으로, 어떤 분은 알아듣지 못하는 이상한 말로, 어떤 분은 가슴을 치며 열정적으로 기도하고 있었다.

처음 참석한 기도회에서 김은희는 충격을 받았다. 어떻게 하면 저렇게 기도가 좔좔 나올 수 있을까? 어떻게 하면 저렇게 뜨겁게 눈물을 흘리면서 회개 기도를 할까? 어떻게 하면 저렇게 알아들을 수 없는 말로 기도를 할까?

김은희는 그 자리에 앉아 있는 것만으로도 마음이 달아오르는 것 같았다. 그 자리에 앉아 있는 것 자체가 매우 어색했고, 다른 세계의 사람처럼 느껴졌다. 그러면서 보이지 않는 곳에서 이렇게 기도하는 분들이 있어서 가정과 교회가 지탱해 나가고, 우리나라가 유지되고 있지 않나 싶은 생각도 들었다.

그런 어정쩡한 시간이 지나고 기도회가 끝나자 참석한 교우들이 함께 차를 마시며 교제하는 시간을 가진다고 했다. 김은희는 박 집사의 소매를 살짝 잡아당기며 옆에 앉으라는 눈치를 주었다. 바로 집으로 돌아갈까 하는 생각도 없지 않았지만,

궁금한 것을 해결해야만 집으로 돌아갈 수 있을 것 같아서였다. 처음 기도회에 나오다 보니 여러 가지 의문이 생겨서 물어보고 싶은 것이 많았다. 은사가 뭔지, 또 성령 충만이라는 것이 어떤 상태를 말하는지 등이 궁금했다.

김은희는 옆에 앉은 박 집사에게 조용히 말을 건넨다.

"저기… 기도 중에 은사라는 말이 나오던데, 은사가 뭐예요?"

"네, 뭐라구요? 은사라구요? 참 진도가 빠르시네요."

박 집사는 다들 들으라는 듯이 큰소리로 대답했다.

"은사라는 것은 성령 하나님께서 각 사람에게 선물로 주시는 것을 말하는데요, 예수 그리스도를 믿는 자 각 사람에게 하나 이상 주십니다. 각 개인의 기질이나 성품과 지식의 정도에 따라서 그 사람이 교회와 하나님 나라를 위해서 가장 적절하고 효과적으로 일하도록 특별한 기능을 주시는 것을 말합니다."

성령으로 아니하고는 누구든지 예수를 주시라 할 수 없느니라, 은사는 여러 가지나 성령은 같고, 직분은 여러 가지나 주는 같으며 사역은 여러 가지나 모든 것을 모든 사람 가운데서 이루시는 하나님은 같으니 각 사람에게 성령을 나타내심은 유익하게 하려고 하심이라(고린도전서 12장 3-7절).

박 집사는 기다렸다는 듯이 성경을 찾아서 김은희 앞으로 읽어 보라는 듯이 들이민다.

"이 말씀처럼 하나님의 영광을 위해서 그리스도의 몸 된 교회에 유익하게 하시기 위해서 각 지체인 신자들을 잘 무장시켜 온전케 하고, 믿음 위에 견고케 하시는 분이 성령님이십니다. 하나님이 우리에게 성령을 주신 것은 우리가 받은 은사를 충분히 활용하여 교회와 하나님 나라를 잘 세워나가라는 특별한 선물입니다."

"성령이 선물이라구요?"

"네, 아주 좋은 선물이지요. 선물이란 것은 한번 주면 도로 빼앗지 않잖아요? 그런데 하나님의 선물은 계속 사용할수록 그 힘이 발휘되지만, 만일 그 선물을 사용하지 않으면 소멸한다는 특징이 있답니다."

"다함이 없는 선물이군요. 성령이……."

김은희는 몇 차례 고개를 끄덕인다.

"그러면 은사라는 건…?"

"은사는 하나님이 각 개인에게 주신 재능과 같은 거예요. 그래서 성령의 은사는 사람에 따라서 달라요. 교회에서는 크게 특별 은사, 말씀 은사, 봉사 은사, 표적 은사로 나누어서 설명하고 있어요."

"특별 은사는 뭔데요? 특별하다니 나는 그것 받고 싶네요."

"하하하! 이 은사는 특별한 사람에게 주는 것입니다. 주로 교회의 신자들을 말씀으로 무장시켜 믿음으로 성장시켜 그리스도의 몸을 이루어 주님께 영광을 돌리고 교회에 덕을 세우도록 하는 사람들 즉 사도, 선지자, 전도자, 목사, 교사들에게 주시는 은사입니다."

"그러면 나와는 거리가 좀 멀군요."

"네. 말씀 은사는 지혜의 말씀을 담대하고 효과적으로 전하는 자에게 주시는 것입니다. 예언의 은사, 가르치는 은사, 권면, 지혜와 지식의 은사가 말씀 은사입니다.

우리에게 주신 은혜대로 받은 은사가 각각 다르니 혹 예언이면 믿음의 분수대로, 혹 섬기는 일이면 섬기는 일로, 혹 가르치는 자면 가르치는 일로, 혹 권면하는 자면 권면하는 일로(로마서 12장 6-8절).

그 다음 봉사 은사는 봉사, 도움, 인도, 긍휼히 여겨주는 은사, 분별하는 은사 같은 것이 있고요."

"와, 그러고 보니 박 집사님은 은사가 하나 둘이 아닌 것 같은데, 도대체 몇 가지 은사를 받은 거예요?"

"네, 좀 많이 받은 것 같지요? 은희 성도는 더 많이 받을 수 있어요. 두고 보세요."

"저도 뭔가 받을 수 있습니까? 기대가 되네요."

"마지막으로 표적 은사는 기적을 행하는 은사, 병 고치는 은사, 방언하는 은사, 또 그 방언을 통역하는 은사가 있습니다. 성경에 이렇게 되어 있어요."

다른 사람에게는 같은 성령으로 믿음을, 어떤 사람에게는 한 성령으로 병 고치는 은사를, 어떤 사람에게는 능력 행함을, 어떤 사람에게는 예언함을, 어떤 사람에게는 영을 분별함을, 다른 사람에게는 각종 방언 말함을, 어떤 사람에게는 방언들을 통역함을 주시나니(고린도전서 12장 9-10절).

"그러니 이런 은사들은 성령께서 필요에 따라 주시기는 하지만 간절히 사모하는 자에게 주시기 때문에, 김은희 성도님도 간절히 구해 보세요. 그러나 조심해야 할 것은 내가 믿음이 좋게 보이기 위해서나 내 유익을 위해서 이런 은사를 구하면 안 돼요. 절대로 주시지 않을 것입니다."

"네, 명심하겠습니다."

"내가 진실한 마음으로 교회에서 아이들을 가르치고 싶은데, 그것에 필요한 은사를 구한다면 가르치는 은사를 주시지 않겠어요? 또 만일 주위에 아픈 분들이 너무 많은데 그분들을 위해서 치료해 주고 싶다든지, 아니면 병원이 없는 외딴곳에서 선교하고 있는데 주위의 환자들을 전도하여 하나님의 능력을 보이고 하나님께 영광을 돌리기 위해서라면 병 고치는 은사도 주시지 않겠어요?"

"아, 그러니까 내가 간절히 사모하고 구하면 은사를 주시기도 하고 하나님께서 이 사람에게 어떤 은사가 지금 꼭 필요하다고 인정하시면 일방적으로 주시기도 하는군요."

"그렇지요."

"박 집사님, 그런데 교회에서 성령 충만, 성령 충만이란 말을 자주 듣게 되는데요, 그게 뭐고 또 성령 충만하게 되면 어떻게 되는지 궁금해요."

"성령은 사람이 예수 그리스도를 자신의 주와 구세주로 믿고 고백하고 거듭날 때, 즉시 그 사람의 몸에 들어오십니다. 그리하여 성령과 더불어 살게 되면, 거룩한 성도가 되는 것이지요."

"좀 어려운 이야기예요. 그러면 충만하다는 것은요?"

"성령 충만은 성령님의 전적인 지배하에 있는 상태를 말해요. 다른 말로 하면 성령님이 원하시고 이끄시는 대로 자발적으로 완전히 순종하는 상태를 말합니다. 그래서 성령께서 우리 안에서 온전하게 역사하시는 것을 성령 충만이라 합니다. 내 안에 계신 성령께서 나를 온전히 지배하고 성령님의 능력이 나의 능력이 되는 상태를 말합니다."

"신비로운 경험이 될 것 같아요."

"그렇지요. 그렇게 되려면 내 의지와 고집, 내 계획, 내 경험과 지식 같은 내 자아를 완전히 내려놓고 성령의 인도하심에 따라 살아가야 하겠지요."

내가 이르노니 너희는 성령을 따라 행하라 그리하면 육체의 욕심을 이루지 아니하리라 육체의 소욕은 성령을 거스르고 성령은 육체를 거스르나니 이 둘이 서로 대적함으로 너희가 원하는 것을 하지 못하게 하려 함이니라 너희가 만일 성령의 인도하시는 바가 되면 율법 아래 있지 아니하리라(갈라디아서 5장 16-17절).

"이 말씀처럼 우리가 누구와 함께 걸으려면 둘이 서로 마음과 뜻이 맞아야 하잖아요. 만일 서로 뜻과 방향이 다르면 도저히 동행할 수 없지요. 이처럼 성령과 함께 걸으려면 성령께서 이끄시는 대로 우리가 순종하고 따라야 한다는 말입니다."

김은희는 스스로 자신이 자아가 좀 세다고 생각하고 있다. 그래서 성령 충만하기가 쉽지 않겠다고 생각하면서도, 한편으로는 성령 충만해 보고 싶은 마음도 생겼다.

"그러면 성령 충만해지려면 어떻게 해야 하지요? 저 같은 사람은 고집과 자아가 좀 센 편이라서 제 것을 잘 내려놓지 않는 편인데, 저는 어떻게 해야 할까요?"

"그렇죠. 그게 그렇게 쉬우면 얼마나 좋겠습니까? 저도 제 것을 버리고 내려놓기가 제일 힘들더라구요. 그러니까 내 자아를 내려놓기 위해서 쉬지 말고 기도하라고 하지 않았나 싶어요. 자기의 것을 포기하지 않으면 성령님과 동행할 준비가 안 된 것이지요."

김은희가 성령과 그 충만하심에 대해 더 알고 싶어 하자 박 집사는 길게 설명을 이어갔다.

"성령 충만은 간절히 구하는 사람에게 부어집니다. 간절히 구하여도 성령은 거룩한 영이기 때문에 죄가 있으면 성령님이 동행할 수가 없습니다. 그래서 먼저 죄를 철저히 회개하고, 성령님의 인도하심에 자발적으로 순종하며 친밀한 관계를 유지해야 합니다. 우리가 우리 자녀들이 말을 잘 듣고 순종하면 무엇이든 주고 싶은 마음이 들듯이 성령께서도 말씀에 순종하는 자에게 크고 비밀스러운 것을 보여주시고 성령의 길로 인도하십니다. 아울러 겸손하고 마음이 가난한 자와 깨끗한 성품을 가진 자에게 부어 주십니다. 또 내 능력이 아닌 하나님의 능력에 전적으로 의지하고, 자기의 의가 아닌 하나님의 의를 드러내며 증인 된 삶을 살아가는 자에게 성령을 부어 주십니다."

"성령이 한번 오시면 떠나가지는 않으시나요?"

“성경에는 이렇게 부어진 성령을 소멸하지 말아야 한다고 말하고 있습니다. 이 말은 성령의 사역을 무시하고 의도적으로 성령의 기능을 방해함으로써 성령보다 자기 자신을 더 믿으며 육신을 따라 모든 것을 처리하고 살아가려는 것을 말합니다.”

성령을 소멸하지 말며 예언을 멸시하지 말고 범사에 헤아려 좋은 것을 취하고(데살로니가전서 5장 19절).

“모든 일에 선을 택하고 죄악을 멀리하고 거룩함으로 성령님과 가까이할 때 그분을 점점 더 좋아하게 됩니다. 우리가 음란의 죄를 짓든지 거짓을 말하든지 누구에게 화를 벌컥 내고 나든지 하면 기도가 잘 되지 않는 이유가 바로 일시적으로 성령을 소멸했기 때문입니다. 성령을 완전히 소멸하면 죄에 대한 감각도 떨어지고 영적 분별력을 상실하게 되어 죄에 빠지기 쉽게 됩니다. 그리고 다시 죄에 종 노릇 하게 됩니다.”

“그러면 성령과 동행하게 되면 어떤 일이 일어나나요?”

“바로 성령의 열매를 맺게 되지요.”

오직 성령의 열매는 사랑과 희락과 화평과 오래 참음과 자비와 양선과 충성과 온유와 절제니 이 같은 것을 금지

할 법이 없느니라, 그리스도 예수의 사람들은 육체와 함께 그 정욕과 탐심을 십자가에 못 박았느니라(갈라디아서 5장 22-24절).

"사도 바울은 성령의 열매 중에서 특별히 사랑에 대해서 이렇게 정의하셨어요."

사랑은 오래 참고 사랑은 온유하며 시기하지 아니하며 사랑은 자랑하지 아니하며 교만하지 아니하며 무례히 행하지 아니하며 자기의 유익을 구하지 아니하며 성내지 아니하며 악한 것을 생각하지 아니하며 모든 것을 믿으며 모든 것을 바라며 모든 것을 견디느니라 사랑은 언제까지나 떨어지지 아니하되 예언도 폐하고 방언도 그치고 지식도 폐하리라(고린도전서 13장 4-8절).

"사랑에 대한 최고로 아름다운 시 작품이지요. 사랑이 없는 신앙생활에 대해서는 이렇게 말씀하셨어요."

내가 사람의 방언과 천사의 말을 할지라도 사랑이 없으면 소리 나는 구리와 울리는 꽹과리가 되고, 내가 예언하는 능력이 있어 모든 비밀과 모든 지식을 알고 또 산

을 옮길 만한 모든 믿음이 있을지라도 사랑이 없으면 내가 아무것도 아니요, 내가 내게 있는 모든 것으로 구제하고 또 내 몸을 불사르게 내어줄지라도 사랑이 없으면 내게 아무 유익이 없느니라(고린도전서 13장 1-3절).

"와! 사랑하기가 이렇게 힘든 것인 줄 정말 몰랐습니다. '사랑은 오래 참고'라고 했는데, 이 말이 제 마음을 찌르는군요. 저는 오래 참는 게 아예 안 됩니다. 오늘 참는 것 자체가 사랑하는 것인 줄 처음 알았네요."

"우리가 그러니까 성령 충만하지 않으면 이런 삶을 살아갈 수가 없지요. 그래서 성령 충만, 성령 충만 하는 것이지요."

"알면 알수록 기독교인으로 살아가기가 힘들다는 것을 깨닫게 되네요."

"그래요. 성령 충만 없이는 성숙한 기독교인으로 살아가기가 힘듭니다."

예수께서 대답하시되 진실로 진실로 네게 이르노니 사람이 물과 성령으로 나지 아니하면 하나님의 나라에 들어갈 수 없느니라 육으로 난 것은 육이요 영으로 난 것은 영이니(요한복음 3장 5-6절).

"이 말씀처럼 성령으로 거듭남 없이는 천국에 들어갈 수 없다고 했으니 성령 충만이 그만큼 중요한 것이지요."

"갈수록 어려워지는 것 같네요. 적당히 믿고 그냥 교회 다니면 천국 가는 줄 알았는데……."

"맞아요. 많은 사람들이 그냥 교회만 나가면 구원받는다고 생각하는데요, 그것은 착각입니다. 그러므로 늘 말씀으로 무장하고 기도하는 삶을 살아야 합니다. 성령 충만하면 삶에서 감사가 넘치게 됩니다. 또 마귀 사탄이 힘을 쓰지도 못합니다."

"나는 그저 박 집사님만 쫓아다니면 될 것 같아요. 항상 챙겨 주시니까요."

시험을 물리치다

“그런데 마귀 사탄 이야기를 하셨는데 마귀, 사탄, 또 천사 같은 게 정말 있습니까?”

“그럼요. 이들은 실제로 영적 세계에서 존재합니다. 사탄, 마귀, 천사들은 성경 말씀에도 나오는 영체들인데요. 하나님께서 사람과 땅을 창조하시기 전에, 육체를 가지지 않은 영체로서 거룩하고, 아름답고, 깨끗한 천사들을 창조하셨다고 해요.”

“그런데 사탄은요?”

“사탄은 천사 중 하나인 루시퍼가 타락하여 하나님을 반역하고 자기가 하나님의 자리에 올라가려다가 하나님의 저주를 받아 사탄이 되었다고 합니다. 마귀들은 루시퍼를 따르는 졸개들을 말합니다.”

"아! 거기도 계급이 있군요."

"천사들은 천사장 미가엘이 있고, 가브리엘 천사, 그룹들과 스랍들이 있어 하나님의 지시를 받아 여러 가지로 하나님의 일을 합니다. 반면, 마귀들은 사탄인 루시퍼를 비롯해서 악마, 악령, 귀신 같은 것들이 하나님의 권세를 무너뜨리려고 열심히 움직이고 있지요."

"그런데 하나님은 마귀, 사탄의 능력을 빼앗을 수 있으실 텐데도 왜 안 뺏는 거지요?"

"야! 정말 기막히게 질문하셨네요."

"하나님은 전지전능하신 분인데, 못 하실 일이 없잖아요?"

"그것은 아까 얘기했던 '은사'와 관련이 있어요. 처음에 천사들에게 능력을 은사로 주셨는데 천사가 타락하여 사탄 마귀가 되었다고 그 은사를 도로 빼앗을 수 없어요. 그것은 은사는 선물이기 때문이지요. 선물은 한 번 주면 그걸 도로 달라고 하지 않잖아요."

"맞아요. 도로 달라고 못 하죠."

"그래요. 이것이 권한과 능력이 다른 점입니다. 권한은 주고 마음에 안 들거나 불순종하면 도로 빼앗을 수 있지만 능력 행하는 것은 은사 즉 선물이기 때문에 도로 빼앗을 수 없다는 것이 다르지요. 사탄은 예수님을 시험할 정도로 능력이 있기도 하지만 감히 범할 수는 없어요."

"사탄이 예수님을 시험했다고요?"

"네, 예수님이 공생애를 시작하실 때 사탄의 유혹을 받은 일이 있어요. 예수님은 말씀으로써 사탄의 세 가지 유혹을 물리치셨지요."

"그러면 나 같은 사람에게도 유혹이 오겠군요."

"그래요. 사탄과 마귀들은 아주 기만적으로 가정과 교회를 파괴하려 합니다. 속이는 기술이 최고로 발달했기 때문에 음모와 속이는 방법을 우리도 알아야 속지 않고 이겨낼 수 있지요. 사실 저도 여러 차례 이들의 전략에 넘어지곤 했어요."

"마귀나 사탄이 사람들의 일상생활에 악한 영향을 주는 것을 어떻게 알 수 있지요?"

"사탄은 속이는 영입니다. 기가 막히고 묘하게 속이기 때문에 잘 알 수 없지요. 저도 남편이나 자식들하고 대판 싸우길 얼마나 많이 했는지 몰라요. 처음엔 그렇게 싸우고 나면 며칠씩 말도 안 하고, 각방도 쓰곤 했어요."

"사실은 저도……."

"다들 그러죠. 그러다 보면, 회복하는 데 참 힘이 들지요. 그것이 사탄의 속임인 걸 알기까지는 싸우고 나서 마음의 평정을 찾기까지 시간이 정말 많이 걸렸어요."

"집사님도 많이 싸우셨어요?"

"그래요. 그런데 기도를 많이 하고 영적으로 민감해지니까 영적 분별력이 생겨서 '우리가 왜 이렇게 다투고 있지? 아무것도 아닌 걸 가지고 무엇 때문에 이렇게 악을 쓰고 싸우고 있는 거지? 이렇게 싸우면 누가 좋아하지?' 등의 질문을 자신에게 하더라구요. 그러면서 '아! 또 속고 있구나' 하게 되더라고요."

시몬아 시몬아 보라 사탄이 너희를 밀 까부르듯 하려고 요구하였으나 그러나 내가 너를 위하여 네 믿음이 떨어지지 않기를 기도하였노니 너는 돌이킨 후에 네 형제를 굳게 하라(누가복음 22장 31-32절).

"이 말씀에서는 사탄이 우리를 밀 까부르듯 흔들어대고 있다고 표현하고 있어요. 그것도 예수님의 수제자라고 불리는 베드로(시몬) 사도에게 하신 말씀인데요, 정말 실감 나는 표현이에요. 믿음이 없다면 우리가 얼마나 까불리겠어요? 생각만 해도 아찔합니다."

"그걸 나 같은 초짜가 어찌 알겠어요? 교회 다니기 전에는 이런 걸 전혀 모르다가 영적인 세상을 알고 나니까 그동안 너무 많이 속아서 살았다는 생각이 드는군요. 정신 바짝 차리고 살아야겠네요."

"그래요. 영적으로 예민해지면 마귀가 시키는 것을 잘 분별할 수 있어요."

음행과 더러운 것과 호색과 우상숭배와 주술과 원수 맺는 것과 분쟁과 시기와 분 냄과 당 짓는 것과 분열함과 이단과 투기와 술 취함과 방탕함과 또 그와 같은 것이라 (갈라디아서 5장 19-21절)

"이 말씀과 같이 육체의 일은 분명합니다. 그러나 성령이 하시는 일에는 아름다운 성령의 열매가 맺히지요. 그래서 그 열매를 보면 누가 했는지를 알 수 있습니다."

사실 김은희는 자아가 좀 센 여자라서 남편이나 자식들, 그리고 주위 사람들과 자주 다투곤 했다. 어떻게 보면 다투거나 싸울 일이 아닌 조그만 일인데도 신경이 날카로워져서 별일이 아닌 일인데도 자기 자존심을 상하게 한다는 생각이 들면 소리를 지르고 시비를 걸곤 했었다.

박 집사의 얘기를 듣고 되돌아보니, 자신의 마음에 불같이 올라오는 질투심, 고집, 그리고 자존심을 상하게 하는 감정의 아킬레스건을 건드려 왔던 것들이 사실은 이 사탄, 마귀의 간교한 짓이었구나 싶은 생각이 들었다. 마음 한구석에 억울한 기분이 들었다.

사실 영적인 세계는 보이지 않기 때문에 인식하기 힘들다. 다른 사람과 다툴 때, 자신의 본심이나 다투는 상대의 본마음을 안다면 지금 벌어지고 있는 다툼이나 싸움이 서로의 본심에서 나온 것이 아님을 알게 될 수도 있다. 서로 사랑하는 사이인데도 왜 그렇게 악을 쓰면서 다투는지 박 집사는 스스로 질문하곤 했다. 영적 분별력이 생기면 서로의 본심이 무엇인지를 알고 바로 사과하고 화를 품지 않게 될 수 있을 터였다.

박 집사는 사탄이 온 세상을 자기들의 것으로 만들기 위해서 나라들끼리 전쟁을 일으키도록 부추기도 하고, 가정을 무너뜨릴 작정으로 가정을 깨는 일에 아주 많이 개입하고 있다는 것을 알고 있었다.

사탄이 특히 교회를 넘어뜨리려고 교역자를 돈, 여자, 명예 등으로 유혹하여 넘어지게 하는 일도 많이 보아 왔다. 목사 하나가 넘어지면 성도 수천 명이 넘어지게 되는 효과가 있으니, 교역자들이 사탄의 목표물이 되는 것이다. 사탄에게 교회를 갈라지게 만드는 일은 어떻게 보면 얼마나 쉬운 일인지 모른다.

마귀는 교회의 중추적 일을 맡은 사람끼리 의견의 충돌이나 자존심의 대립을 시켜 놓으면 교회는 쉽게 무너지게 되기 때문에 장로, 안수집사, 권사들을 집중 공격 대상으로 삼는다. 교회가 기도하지 않는다면 사탄의 먹잇감이 되어 버리기 때문에 박 집사는 교회를 위해서도 끊임없이 기도해 왔다.

교회에서 장로 집사들이 목사님 청빙이나 교회 건축 등을 결정할 때 기도 없이 다수결로만 결정한다면, 교회는 쉽게 갈라지기도 하는 것이다. 박 집사는 교회에서 아무것도 아닌 일로 서로 피 터지게 싸우는 것을 정말 안타깝게 여겼다.

우리의 씨름은 혈과 육을 상대하는 것이 아니요 통치자들과 권세들과 이 어두움의 세상 주관자들과 하늘에 있는 악의 영들을 상대함이라(에베소서 6장 12절).

"이 에베소서 말씀만 기억해도 싸움을 덜 하게 되더라고요."

그래서 박 집사는, 사탄이 교회의 중직자들을 세상일로 바쁘게 만들기도 하고, 자존심을 최대한 내세우도록 해서 싸움을 부추기도 하고, 게으르게도 만들어 기도하지 못하도록 한다는 말을 꼭 해 주고 싶었다. 그만큼 기도는 중요해서 교회의 목사나 교역자들 그리고 장로님들을 위해서 기도해야 한다고 김은희에게 강조했다. 나아가서는 국가의 지도자들을 사분오열시켜서 나라를 사상과 당으로 갈라놓는 일을 조장하는 일도 어떻게 보면 악한 사탄들의 역사이며, 그래서 온 세상이 영적 전쟁터라는 것을 김은희에게 자세히 이야기해 주었다.

삶의 언어를 바꾸다

"그런데요, 오늘 중보기도 모임에서 보니까 사람들의 기도가 수도꼭지에서 물 나오듯 좔좔 막 나오던데 어떻게 하면 그렇게 기도를 잘할 수 있습니까? 저는 도무지 어떻게 기도하는지를 몰라 멍하게 앉아 있었어요. 너무 부러웠어요. 어떻게 해야 기도를 그리 잘할 수 있습니까? 비결 좀 가르쳐 주세요."

"기도를 잘할 수 있는 비결요? 그 비결은 분명히 있지요."

"뭐예요? 궁금합니다."

"이건 공짜로 안 되는데……. 하하."

"제가 점심 살게요."

"점심 정도 가지고 그 비결을 가르쳐 줄 수 없어요. 몇 년 걸려서 터득한 건데요."

"가르쳐 주세요. 제가 크게 쏘겠습니다."

김은희는 조르듯 다그친다.

김은희는 오늘 기도 모임에 가서 능력 있게 기도하는 사람들을 보고 몹시 부러웠던 것이 사실이다.

"김은희 성도님의 마음을 표현한다면, 거룩한 질투심과 시기심이라고 할 수 있겠네요. 그건 좋은 거예요."

"맞아요. 기왕에 교회에 다니기로 했으니 다른 사람 못지않게 기도도 하고, 또 기도의 능력도 받고 싶어요."

"네! 그러면 제가 보고 경험하고 체험한 범위 내에서 말씀드리겠습니다. 크게 한턱 내세요."

"알겠습니다."

"기도는 하나님과 대화하는 언어라고 생각하면 됩니다."

"자기 말만 하는 게 아니군요."

"그래요. 그리고 기도의 언어는 일단 내 안에 저장된 언어가 나오는 것입니다. 그러니까 내 혼이 세상에서 듣고 보고 배우고 외운 것을 말로 저장했다가, 그 저장된 말들이 기도할 때 나오는 것이지요."

"평소에 쓰는 말이 중요하군요."

"사실 세상의 대화라는 것도 마찬가지예요. 주위 사람들을 보면, 골프장에 늘 다니는 사람들의 대화는 그 절반 이상이 골프에 관한 내용이잖아요. 골프 이야기를 하는데 골프 용어들을 사용하지 않을 수 없죠. 파가 어떻고 오비가 났느니, 퍼팅이 잘 안 되느니 하는 등 말이죠."

"와, 골프도 치셨는가 봐요."

박 집사는 씩 웃어 보인다.

"또 주식 투자하는 사람끼리 모이면 주식에 관한 말만 해요. 어느 주식이 좋은지, 어느 주식이 수익을 많이 냈는지, 언제 사고팔아야 하는지 등 주식과 돈 이야기만 하지 않아요? 또 언어가 폭력적인 사람들, 또 언어가 비속한 쌍욕을 하는 사람들, 저질적이고 비속적이며 속이는 말을 하는 사람들은 그들의 성격도 그와 똑같아요."

"맞아요. 쌍욕을 하는 사람은 그 말대로 더럽게 노는 것 같아요. 그것도 은사야, 은사……. 하하."

"네 그렇지요. 사람들이 그런 언어 환경에서 살았기 때문에 바로 그 언어를 듣고 입력했다가 사용하게 되는 것이지요. 그러니까 내가 어떤 언어를 먹고 사느냐, 어떤 언어를 말하고 듣느냐가 중요한 것입니다. 그 언어가 내 영혼에 저장되었다가 내 입을 통해서 나오게 되기 때문이지요."

"맞아요."

"그래서 언어는 바로 그 사람의 인격이라고도 하지 않아요? 내가 사용하는 언어나 기도는 내 영혼의 상태를 드러내게 되어 있습니다. 내가 하나님의 언어를 먹고 살면 내 말에는 하나님의 거룩하고, 사랑스럽고, 정직하고, 신실하고, 아름다운 축복의 말이 나오게 되어 있습니다. 그러니까 성경을 많이 읽어야 하는 이유가 여기 있습니다."

"성경 읽는 것이 비결인 셈이군요."

"그래요. 성경을 많이 읽고 외우면 그 말씀들이 내 영혼에 저장되었다가 기도할 때 내 안에서 바로 그 언어들이 내 말처럼 나오게 되는 것입니다. 하나님의 말씀을 거부하는 사람들과 말씀을 받아들일 마음이 없는 사람들 입에서는 거짓된 말, 공격적인 말, 부정적인 언어들이 쏟아져 나오기 때문에 이런 사람들 입에서는 기도가 나올 수가 없습니다. 하나님 생명의 말씀을 많이 읽으면 사람을 살리는 생명력 있는 기도가 절로 나오게 됩니다."

"기도가 생명력을 가질 수도 있군요."

"그래요. 요한복음을 보면 확실히 나와 있어요."

너희가 내 안에 거하고 내 말이 너희 안에 거하면 무엇이든지 원하는 대로 구하라 그리하면 이루리라 너희가 열매를 많이 맺으면 내 아버지께서 영광을 받으실 것이요 너희는 내 제자가 되리라(요한복음 15장 7-8절).

"주님의 말씀이 내 안에 있으면 무엇이든지 구하는 대로 이루어 주신다고 하잖아요. 하나님께서 영광을 받으시고 우리에게는 회복이 일어나고 치유가 일어나고, 구하는 대로 받는 능력의 기도가 됩니다. 그러니까 우리가 주위에서 보고, 듣고, 읽고, 배우는 것들이 내 혼에 저장되기 때문에 선별하여 내 안에 저장해야 합니다. 부정적인 말이나 악한 말들은 흘려 버리고 내 혼에 저장하지 말아야 합니다."

"와, 오늘 정말 명강의를 들은 것 같네요. 그러니까 성경 말씀을 많이 읽는 것이 결국 능력 있는 기도로 나오게 되는 것이네요. 오늘부터라도 텔레비전을 그만 보고 열심히 성경을 읽어야겠습니다. 감사합니다."

"'새로운 언어를 배우는 것은 새로운 영혼을 얻는 것'이라는 말도 있지요. 우리가 성경을 읽는 것은 하나님의 언어를 배우는 것이기 때문에 우리의 영혼이 하나님과 교제할 수 있는 영혼의 구조로 바뀌는 것이에요. 그러기에 기독교인이 되어 성경을 많이 읽으면 전혀 다른 인격을 가진 사람으로 변하게 되는 거지요."

"교회 다니기 시작하면서 제 말이 날라진 것을 저 자신도 조금씩 느끼고 있어요. 우리 아들도 제 언어가 변해 가고 있는 것을 눈치챈 모양이에요. 내 말에 반응하는 표정이 좀 달라졌거든요. 교회 나오기를 참 잘한 것 같습니다."

"예수님은 누가복음에 나오는 과부와 불의한 재판관의 이야기를 통하여 항상 기도하고 낙심하지 말고 기도하면 응답을 받는다고 하셨습니다."

박 집사는 성경을 읽어준다.

이르시되 어떤 도시에 하나님을 두려워하지 않고 사람을 무시하는 한 재판관이 있는데 그 도시에 한 과부가 있어 자주 그에게 가서 내 원수에 대한 나의 원한을 풀어 주소서 하되 그가 얼마 동안 듣지 아니하다가 후에 속으로 생각하되 내가 하나님을 두려워하지 않고 사람을 무시하나 이 과부가 나를 번거롭게 하니 내가 그 원한을 풀어 주리라 하였느니라(누가복음 18장 2-5절).

우리는 기도에 응답이 없으면 쉽게 포기한다. 그러나 하나님은 우리가 끝까지 하나님만 의지하는지, 우리의 믿음을 보신다. 기도의 응답이 없다 할지라도 항상 쉬지 말고 기도하며 낙심하지 말라고 하신다는 말을 박 집사는 열변을 토하듯이 김은희에게 설명한다.

"우리의 믿음의 조상이라는 아브라함을 보면 자기가 75세, 사라가 65세에 하나님이 아들이 없는 아브라함에게 큰 민족을 이루는 복을 주신다고 하시며 이름이 창대할 것이라는 약속을 주셨지요. 그런데 아브라함이 100세, 사라가 90세 때까지 자식을 주지 않으셨어요. 그럼에도 아브라함은 믿음을 굳게 지킴으로써 결국 아들 이삭을 얻게 되었어요. 그러니까 믿음은 기다림 같아요. 인간적인 소망이 다 끊어진 그 나이에도 믿었으니 믿음의 조상이 된 거지요."

아브라함이 바랄 수 없는 중에 바라고 믿었으니 이는 네 후손이 이 같으리라 하신 말씀대로 많은 민족의 조상이 되게 하심을 인함이라 그가 백 세나 되어 자기 몸의 죽은 것 같음과 사라의 태의 죽은 것 같음을 알고도 믿음이 약하여지지 아니하고 믿음이 없어 하나님 약속을 의심하지 않고 믿음에 견고하여져서 하나님께 영광을 돌리며 약속하신 그것을 또한 능히 이루실 줄을 확신하였으니(로마서 4장 18-21절).

"그러니 기도는 인내와 기다림입니다. 우리의 믿음을 보고 구원을 베푸시듯이 우리가 얼마나 하나님에게 자기를 맡기고 의지하느냐에 따라서 기도 응답도 달라지는 것 같아요."

"하나님께 맡겨 드리고, 응답이 오기까지 기다리는 것도 기도인 셈이군요."

"불면증에 엄청나게 시달리다가 수면 전문 의사에게 가서 진료를 받고 처방을 받았은 사람이 있었다고 합니다. 그는 처방 받은 약을 먹고 며칠은 잠을 잘 잤습니다. 그런데 얼마 지나자, 약의 도수를 높였는데도 잘 듣지 않게 되었다고 합니다."

"약에 내성이 생겼군요."

"그래요. 그런데 이분이 좀 결단력이 있었던 것 같습니다. 약을 모두 쓰레기통에 버리고 하나님께 매달리기로 마음을 먹은 후에는 잠을 잘 잘 수 있었다고 합니다. 그러니까 결단하고 자신을 하나님께 얼마나 맡기느냐가 믿음이고 응답받는 빠른 길인 것 같습니다."

내 안에 거하라 나도 너희 안에 거하리라 가지가 포도나무에 붙어 있지 아니하면 스스로 열매 맺을 수 없음같이 너희도 내 안에 있지 아니하면 그리하리라. 나는 포도나무요 너희는 가지라 그가 내 안에 내가 그 안에 거하면 사람이 열매를 많이 맺나니 나를 떠나서는 너희가 아무것도 할 수 없음이라(요한복음 15장 4-5절).

"이 말씀을 보면 주님 안에 거하고, 주님의 말씀을 내 마음판에 새기고 다니면, 김은희 성도님도 능력 있는 기도를 하실 수 있습니다."

"저는 한번 한다고 하면 하는 성격이니 나하고 딱 맞는 것 같습니다. 화끈하게 한번 하나님께 매달려 보겠습니다."

박 집사는 김은희의 화끈한 성격이 하나님을 믿는 것도 화끈하게 믿게 할 것 같은 생각이 들었다.

"와! 좋아요. 화끈하게 한번 해 보세요. 하나님은 김은희 성도님 같은 분을 사랑하셔요."

김은희는 속으로 '늘 주 안에 거하고, 말씀 읽고 그대로 지켜 행하면 되는 것 아닌가, 한번 해 보지 뭐' 하는 생각을 했다.

방언으로 기도하다

김은희는 기도회에 다녀와서는 거룩한 질투심 아닌 오기가 생겼다. '그래, 한번 해 보자'라고 마음먹고 그날부터 말씀을 외우기 시작했다. 그러나 그게 쉽게 외워지지 않았다. 외우고 돌아서면 처음 서두부터 기억이 나지 않았다.

'내가 원래 공부하고는 거리가 먼 사람이니 별수 없지' 하고 생각했다. 그러다가 다시 오기가 발동했다. 그래서 말씀을 써서 부엌에도 붙여 놓고 화장실에도 붙여 놓고 쪽지에 써서 잠자리에서도, 주머니에 넣고 다니며 길을 가면서도 중얼중얼 외웠다. 이렇게 하루에 몇 절을 외우기 시작했다. 그리고 그날로 전화기에 새벽기도에 나갈 시간에 알람을 맞춰 놓았다. 마음속으로 '그래, 한번 해 보자! 그래, 해 보자!'라고 계속 되뇌이면서 결심했다.

말씀을 외우기 시작하다 보니 하루에 한 절도 못 외우던 것이 날이 갈수록 속도가 나기 시작하였다. 말씀이 자기 안에 거한다는 말씀이 무슨 뜻인지 알 것도 같았다. 이제는 자신의 내면에 말씀이 쌓여 가면서, 무엇을 결정할 때마다 말씀이 생각나서 말씀에 따라 행동하게 되는 자신을 발견하게 되었다.

영적 분별력도 생기는 것 같았다. 이제는 최소한 하루에 요절을 2절은 외운다. 말씀이 쌓이다 보니 새벽기도에 나가서 기도하는 것도 쉬워졌다. 박 집사가 말한 대로 말씀을 마음에 저장해 놓으니 정말 그 말씀이 기도할 때 인용되면서 자기가 생각해도 기도가 제법 기도다워졌다고 생각했다.

새벽 기도를 매일 나가다 보니 생체리듬이 깨져 낮에 때때로 졸리기도 했다. 반면 정신은 점점 맑아지고 하루가 길어지는 것을 느끼기 시작했다.

"은희 씨, 뭐라고 그렇게 중얼거리는 거야?"

옆집 박미애가 뭔가 이상하다는 표정으로 묻는다. 자신이 생각해도 남들이 보면 정신 나간 사람으로 취급할 것 같았다.

"아! 내가 뭐 좀 외우는데 잘 안 외워져서요."

"그리고 요즘 새벽에 매일 어딜 그리 다녀오는 거요?"

옆집 박미애 눈에는 김은희가 범상치 않게 보인 것이다. 새벽마다 어딘가를 다녀오고, 혼자 중얼중얼하면서 다니니 뭔가

정상적인 사람이 아니라고 생각되었다.

"네, 요즈음 새벽기도 다니고 있습니다."

"새벽기도? 와! 인제 완전히 교회에 미쳤나 보네."

그녀는 이제 교회 다니는 것에 대해 당당해졌다.

"교회가 너무 좋아요. 아니 예수님이 너무 좋습니다. 형님도 저하고 같이 교회에 한번 가 봅시다. 너무 좋아요."

김은희는 이제 갓 쪄 나온 찐빵처럼 마음이 따끈따끈하다. 그리고 이제 자기가 경험하고 있는 주님을 알리고 싶은 생각이 어느덧 마음속 깊이 자리 잡은 것에 자신도 놀랐다.

"정말? 그렇게 좋으면 나도 따라가 볼까?"

그녀는 매일 쌓여 가는 말씀이 마음을 뿌듯하게 만들어 가고 있었다. 기도 중에 옆집 박미애를 교회에 나오게 해 달라고 기도하고 있었다. 기도의 힘이 생기는 것을 조금씩 느끼고 있었다. 요동하지 않는 마음의 평강은 기쁨과 행복으로 다가오는 것을 느끼고 있었다.

"네, 다음 주에 같이 갑시다. 제가 이렇게 예뻐지는 것 안 보입니까?"

김은희는 마음에 평화가 생기면서 자기 얼굴이 변화되어 가는 것을 본다. 그동안 좋다는 화장품 다 써 봤지만, 그보다도 예수 믿고 얼굴이 더 예뻐진 것을 본인이 보아도 알 수 있을 정도였다. 성령의 충만함으로 얻어진 마음의 기쁨은 어느 양

약보다도, 어느 명품 화장품보다도 자기 얼굴을 아름답게 만들어 주고 있음을 느끼고 있으니 전도하지 않을 수 없었다. 마음에 기쁨이 있다 보니 얼굴에는 항상 미소를 머금고 있었고 무엇인가 마음이 뜨겁게 달구어져 있는 것이다.

이제 혼자 중얼중얼하고 다니는 것이 김은희 자신에게는 익숙해 있고 누가 뭐라고 하든 상관없다고 생각했다. 바로 자신의 내면에서 기쁜 걸 어떻게 하랴 싶었다.

김은희는 이제 새벽기도가 일상이 되었다. 새벽 5시만 되면 자동으로 눈이 떠진다. 그리고 중얼거리며 교회로 향한다. 불과 몇 달 전과는 완전히 다른 모습이 되어 있었다. 그녀의 기도도 이제는 달라졌다. 중보하는 영역이 넓어진 것이다. 한마디로 자기의 영적 세계관이 넓어진 것이다. 자신과 가족, 그리고 주위 사람을 위한 기도에서 교회들과 나라를 위해서, 그리고 북한을 위해서뿐 아니라 복음으로 남북통일을 해 달라고 기도하기에 이른 것이다. 이제는 영적인 분별력이 생기고 영적 전쟁이 무엇인지 알게 된 것이다.

어느 날 새벽기도 중 하나님의 이름을 높여 드리며 감사하는 기도를 드리는데 갑자기 자기 혀가 꼬이는 것을 느꼈다. 그러더니 자기가 의도한 것이 아닌 이상한 말이 자기 입에서 나오는 것이 아닌가? 당황해서 기도를 그치려 해도 통제가 되지 않는다. 무슨 말인지도 모르는 말을 막 토해내고 있었다. 부끄러운 생각이 들어 입고 있던 가디건 스웨터를 뒤집어 썼다.

"날라라! 날라라, 날라나아… 무빨라 샬라 무빨라 샬라."

계속 반복되는 말이, 무슨 의미인지도 모르는 말이 자동으로 쏟아져 나왔다. '아이고, 큰일 났구나' 싶어 그녀는 교회를 빨리 나와 버렸다. 새벽기도를 다니더니 자신이 미쳐 버린 것이 아닌가 생각도 들었다. 집으로 오는 길에서도 이제 중얼중얼 대신 '날라라… 날라라… 무빨라 샬라…' 하는 말이 이어졌다. 얼굴은 화끈거리고 가슴은 무엇인지 모르지만 뜨겁게 뛰고 있었다. 어떻게 수습해야 할지 몰랐다. 창피한 느낌도 들기도 했다. 그러나 마음이 뜨거워지고 기쁨이 일어나는 것이 좀 다르다고 생각했다.

집에 돌아와 시계를 보고 있다가 박 집사가 새벽기도를 마치고 나올 시간에 맞춰 전화했다.

"네, 박진숙입니다."

"집사님, 저 은희예요. 시간 괜찮으시면 빨리 좀 만났으면 싶어요."

"무슨 일 있어요?"

"네, 뭔 일이 일어나긴 했는데, 잘 몰라서요."

"아침 먹고 제가 은희 씨 댁으로 가면 되겠습니까?"

"그렇게 해 주시면 좋고요."

"아침 먹고 될 수 있으면 빨리 갈게요."

"알았습니다. 기다리겠습니다."

박 집사는 그녀에게 무슨 일이 생긴 것일까 궁금했다. 그것도 새벽부터 연락이 온 것에 대해 매우 궁금했다. 그러나 지금 그녀의 영적 상태로 보면 무슨 영적인 변화가 생긴 것 같은 생각이 들었다.

아침을 먹는 둥 마는 둥 급하게 먹고 둘째 아들의 밥상을 차려 주고 급히 나왔다. 김은희의 집으로 가는 박 집사는 약간 설렘과 궁금한 마음이 교차하고 있었다. '도대체 무슨 일이 일어난 것일까?' 생각하다 보니 어느새 김은희 집 앞에 와 있었다.

"어서 오세요. 식사는 하셨는지요?

"네, 먹고 궁금해서 달려왔어요. 무슨 일 있었어요?"

"네, 저 큰일 났습니다. 그나저나 커피 한 잔 할까요?"

"네, 한 잔 주세요. 한 잔 하면서 이야기하지요."

박 집사는 커피에 관심이 생기기보다는 김은희에게 일어난 일이 궁금했다. 김은희는 커피 물을 올려 놓았다.

"새벽기도 시간에 갑자기 제 입에서 무슨 말이 막 쏟아져 나오는데 저도 무슨 말인지 알지도 못하는 말이 막 자동으로 나오더라고요. '날라라…날라라아… 무빨라 샬라 무빨라 샬라.' 저 어떻게 된 거 아닌가요? 그런데 미친 사람처럼 그 말이 계속 나오더라고요. 무섭기도 하고 이상하고 창피해서 교회에서 빨리 나와 버렸어요."

"와, 부럽네."

"네? 뭐가 부러운데요?

"그거 방언 받은 것이에요. 축하해요."

"방언이라고요? 방언 받으면 어떻게 되는 건데요?"

박 집사는 김은희에게 일어나고 있는 영적인 변화가 빠르게 진행되는 것에 대해 놀랐다. 올해 4월부터 교회에 다니기 시작해서 가을부터 새벽기도를 하다가 이제 방언도 받았으니, 나중에 된 자가 먼저 된다는 말씀이 생각났다.

"방언을 주셨다는 것은 성령님이 내 안에 계셔서 역사하신다는 말입니다. 성령을 주실 때는 복음 전하는 사람으로 쓰시려고 주시는 것입니다."

"방언기도를 계속해야 합니까? 저는 뭔 말인지 모르니까 하고 싶지 않더라고요."

"내가 하고 싶다고 하는 것도 아니고 내가 하기 싫다고 안 하는 것이 아니라 은희 씨 안에 계신 성령께서 방언기도를 하시는 것이에요. 그러니 계속하세요. 방언은 성령이 내 안에 임하시면 제일 먼저 나타나는 은사 중 하나입니다. 계속하다 보면 치유의 은사나 예언하는 은사, 또 통변하는 은사도 함께 주시기도 합니다."

"아, 그것도 성령의 은사 중 하나이군요."

"네, 그래요. 그런데 방언 받고 나면 주의할 것이 있어요."

"그게 뭔가요?"

"그러니까 남들이 받지 못한 것을 받으면 은근히 영적인 교만 같은 것이 생깁니다. 그래서 조심해야 합니다. 그리고 영적으로 더 갈급함이 생기게 되는데 이때 여기저기 다니지 마시고 성경 말씀을 더 많이 읽으시면 좋아요."

"저는 교만이고 뭐고 그런 건 모릅니다. 오히려 창피하던데요."

김은희는 새벽기도 다닌 지 불과 40-50여 일 만에 방언을 받았으니, 속성으로 받은 것이다. 10년, 20년 다녀도 방언 근처에도 못 간 성도들이 많은데 말이다. 그러니 교만할 법도 하다. 그러나 그녀에게는 주님을 만나보고 싶은 간절함이 내면 깊숙이 자리 잡고 있었다. 그녀의 순수한 마음을 보시고 복음을 위해 쓰시려 하시는 것인지도 모른다.

"어쨌든 축하합니다. 이제 아마 새 세상을 열어 주려고 하시는 것 같아요. 계속 기도하시면서 성령의 인도하심을 받으세요. 그리고 이제는 세례를 받을 때가 된 것 같아요."

김은희는 새벽기도 때 특별히 성령님께서 주신 선물에 대해서 왜 내게 이런 선물을 주셨을까 곰곰이 생각하기 시작했다. 한편으로는 자기에게 일어나는 영적인 변화에 대해서 기쁘기도 하지만 한편으로 주님을 향한 자신의 마음이 뜨거워지는 무언가를 느끼고 있었다. 방언을 받고 나서 기도에 더 열심을 품게 되었다. 그리고 박 집사의 권유대로 다음에 꼭 세례를 받아야겠다는 생각을 굳히게 되었다.

기도 중 때로는 어떤 환상을 보여주시기도 하지만 감당할 수 없는 말씀을 주셔서 입을 봉하고 있었다. 말해 봐야 남들이 이해하지 못할 것 같아서였다. 자신도 이해하지 못하는 현상이 일어나면 박 집사를 조용히 만나서 이야기를 나누고 신앙의 선배로서 주는 충고를 그대로 받아들이고 있었다.

자신에 대한 중요한 변화는 주위에 만나는 사람마다 전도하고 있다는 것이다. 김은희는 자신이 경험한 예수님을 전하지 않으면 견딜 수가 없는 사람이 되어 버렸다. 그래서 주위에 있는 사람들부터 한 사람 한 사람에게 박 집사처럼 전도하기 시작했다.

제일 먼저 옆집 박미애를 불러 커피타임을 하면서 자신이 경험한 예수님을 진했다.

“요즘 자주 불러 주니 나는 고맙지. 그동안 코로난가 뭔가 때문에 사람 접촉을 안 하고 사니 입에서 쉰내가 난다.”

“저도 죽는 줄 알았어요. 심심하고 우울하고 사람 만나는 것이 무섭고 하더니만 갑자기 답답했는지 나도 모르게 교회로 가더라고요.”

“그래서 교회 간 거야?”

"네, 맞아요."

"나는 또 누가 전도인가 뭔가 해서 간 줄 알았지."

"아닙니다. 나도 어떻게 갔는지 모르겠어요. 처음 교회 가던 날은 나도 뭔가에 홀린 줄 알았습니다. 어찌 됐든 지금은 정말 마음이 이렇게 편할 수가 없습니다."

"뭐가 그리 편한데?"

"그러니까... 내 안에 뭔가 응어리 같은 것이 있었고 화가 가득해서, 누가 뭐라고 하기만 하면 죽일 듯이 달려들고 싶고, 화풀이라고나 할까, 뭐 그런 거 있잖아요. 제 인생은 짜증과 원망과 불만 덩어리 그 자체였지요. 이제는 다 용서하고 나니 너무 마음이 평안합니다. 그런데 그 용서라는 게 그냥 안 돼요. 하나님이 용서하는 마음도 주셔야 하더라고요."

박미애는 듣는 것 같으면서 머릿속에서는 용서라는 말에 사로잡혀 있었다. 평상시에도 무엇엔가 꽉 붙잡혀 있는 것 같은데 무엇인지 알 수 없었다. 그게 처녀 때 자기를 괴롭히던 그 인간을 용서하지 못한 것이 아닌가 골똘히 생각하고 있었다.

"그래, 전번에 찾아오던 그 트럭기사, 용서가 되었어요?"

"어떻게 용서해요. 처음에는 죽어도 용서 못 하겠더라고요. 그런데 예수 믿고 나니까 그게 용서가 되더라고요. 희한하지 않아요? 죄도 없으신 예수님도 십자가에서 죽으시면서 자기를 죽인 사람까지도 용서하셨다는 것, 또 우리 죄를 다 짊어지시고 우리 죄를 다 용서하시기 위해서 피를 흘리셨다고 하는 것에 마음이 녹더라고요. 형님도 저하고 같이 이번 금요일 저녁부터 교회에 나갑시다. 금요일 저녁부터 부흥회를 한답니다. 3일간요. 딱 3일만 나와 보시지요."

김은희는 어느덧 전도에 열을 올리며 한 사람, 한 사람씩 교회로 인도하기 시작했다. 한 영혼을 죽음의 수렁에서 건져내어 생명의 길로 인도하는 기쁨이라고나 할까. 미움과 분노의 빙산이 녹아내리는 기쁨이 이제는 자유함으로 변하여 창공을 나는 새가 된 것같이 마음은 날아갈 것만 같은 기쁨으로 충만했다. 시퍼런 생짜가 잘 익어 때깔 고운 먹음직스러운 과일이 되어 당신이 기뻐하시는 풍성한 과일 소반에 담겨 사랑하는 그분 앞에 드려진 것처럼 마음이 뿌듯했다. 이 기쁨은 아름답고 영원히 목마르지 않는 생명수이다.

삶의 주인이 바뀌다

"할렐루야! 제 이름은 김은희입니다. 예수님의 생신을 축하드리며 모든 영광과 찬송을 주님께만 올려드립니다."

김은희의 목소리는 살짝 떨리고 있었다.

"올해 4월 처음 교회에 발을 들여놓을 때만 해도 저는 예수 그리스도에 대해서 아주 무지했습니다. 부를 줄 아는 찬송가도 없었고, 예수 그리스도가 누구이신지, 성령님이 누구이신지, 무엇이 죄인지조차 깨닫지도 못하었는데요, 무엇보다 저는 제가 죄가 없는 착한 사람인 줄만 알았습니다. 돌아보면 저는 하나님을 아는 지식도 없는 세상적인 사람이었습니다. 자아는 강할 대로 강했고 사람들과 대화가 잘 되지 않는 자기중심적인 이기적인 사람이었습니다."

목사님들이 서시는 단에 선 김은희는 말을 하면 할수록 점점 의연해졌다. 목소리는 조금 떨렸지만, 그의 신앙고백은 너무도 선명했다.

"딱딱하게 굳어 있는 제 마음은 열리지 않았고 내면 깊숙하게 자리 잡고 있는 쓴뿌리는 나를 지난날의 아픔에서 헤어나지 못하게 했고 마음은 강퍅했습니다. 저는 참으로 죄 덩어리 그 자체였습니다."

김은희는 자기의 과거를 담담하게 말하고 있었다. 남편의 갑작스러운 죽음, 가해자와의 뜻밖의 화해 그리고 선물로 얻은 마음의 평안을 고백하고 있었다.

"그러던 지난 4월 성령님의 손에 이끌리어 교회에 발을 들여놓은 후 박진숙 집사님께서 친절하게 저를 이끌어 주셨습니다. 할머니가 인내와 사랑으로 마치 사랑하는 손녀딸을 무릎에 앉혀놓고 하나하나 떠먹여 주듯 가르쳐 주셔서 하나님의 그 크신 사랑이 어떤 것인지, 예수 그리스도의 구원의 영광이 무엇인지 깨닫게 해 주셨습니다. 주님의 그 사랑과 은혜를 맛보아 알게 된 후 저는 이제 신실하신 주님의 손에 완전히 붙잡혀 살기를 원합니다."

김은희의 신앙 간증을 듣던 성도들은 큰 박수를 아끼지 않았다. 교회에 출석한 이후의 경험을 이야기할 때, 신앙의 지도자요, 동지인 박 집사는 회중석에 앉아서 아예 눈을 감고 있었다. 그러고는 연신 손수건을 눈에 가져다 댔다.

"주님께서 저희를 구원하시려고 이 땅에 오신 성탄절에 이렇게 세례를 받게 되어 너무나 기쁩니다. 저는 이제 하나님의 딸이 되었습니다. 성령님의 인도하심과 내 내면에서 성령께서 어떻게 역사하셨는지, 그 은혜가 너무나 크고 감사해서 주님께 다 드리는 삶을 살아가기를 원합니다. 이제 제 삶의 주인은 우리 주 예수 그리스도이십니다."

김은희는 계획했던 대로 절차를 밟아 성탄절에 세례를 받은 것이다. 회중석에는 그가 전도하여 교회로 인도한 사람들도 앉아 있다. 그들은 김은희의 신앙 간증의 증인이었다. 그리고 간증 시간 내내 그들 모두는 감격에 젖어 있었다. 박 집사의 기쁨은 누구보다도 컸다.

"여기까지 저를 위해 지도해 주시고 기도해 주신 모든 분에게 감사드립니다. 앞으로 저의 남은 삶을 주님의 영광을 위해, 하나님 나라의 신실한 일꾼으로 살 수 있도록 저를 위해 계속 기도 부탁드립니다. 감사합니다."

크리스마스, 성탄절. 예수님이 세상에 오신 날. 이 아름답고 좋은 날 세례를 받고, 세례받은 성도를 대표해서 간증을 마치고 단상에서 내려오는 김은희의 눈가에는 눈물이 맺혀 있었다. 내려오는 김은희에게 꽃다발을 안겨주며 축하해 주는 박진숙 집사의 눈가에도 눈물이 고여 있었다. 두 사람이 서로 부둥켜안고 흐느끼고 있을 때 모든 교인들의 눈시울도 뜨거워졌다.

김은희의 뜨거운 눈물은 주님의 사랑에 대한 감사의 눈물이자 남들이 모르는 여러 가지 어려움과 아픔을 이겨 낸 승리의 눈물이었다. 엄마의 세례를 축하하기 위해 온 아들 동수와 함께 집으로 오는 길에는 함박눈이 내리고 여기저기서 크리스마스 캐럴이 들려오고 있었다.

김은희는 갑자기 하늘을 향해 두 손을 치켜들고 하늘을 바라보면서 찬양을 부른다.

기쁘다 구주 오셨네, 만백성 맞으라 온 교회여 다 일어
나 다 찬양하여라, 다 찬양하여라, 다 찬양 찬양하여라

어린아이처럼 빙글빙글 돌면서 길거리에서 찬양하는 김은희의 환한 얼굴에는 웃음이 가득했다. 엄마를 바라보는 동수의 얼굴에도 말할 수 없는 기쁨이 있었다.

신앙과 삶이 녹아 있는 원고 출판하기

양형모 장로님으로부터 책을 내고 싶다는 연락을 받고 저는 좀 망설였습니다. 모범 되는 신앙인이시고, 평생 아름다운 생을 살아오신 분이시기는 하지만, 책을 내는 일과는 거리가 있는 활동을 하신 분이시라 제가 어디서 어디까지 도와드려야 하는지 확신이 없었기 때문입니다.

장로님은 제 판단에 참고가 될 수 있도록 준비한 원고를 보여주셨습니다. 저는 일단 원고의 내용이나 형식에 대한 생각보다 먼저 이만한 분량의 원고를 집필하셨다는 것 자체에 좀 놀랐습니다. 그리고 기독교 신앙의 기초에 대하여 소설 형식으로 쓴 것이라는 설명을 들으며 나름 의미가 있는 책이 될 수 있겠다는 생각이 들었습니다. 장로님은 제 소설책(《가늠의 끝》, 대학사, 2022)을 읽으시고는, 창작에 대한 의지를 가지게 되었다고 덧붙이셨습니다.

어쨌거나 요청하신 도움을 거절할 수 없는 상황이 되었습니다. 저는 이곳 베트남에서 나름 평신도 사역을 하면서 두 권의 중요한 책을 제작하고 있었고, 이곳을 배경으로 하는 소설 두 어 편도 기획 중이었습니다. 일단 제 스케줄을 접기로 했습니다. 양 장로님 내외분은 저의 베트남 사역에도 적지 않은 도움을 주시기도 했던 분들입니다.

소설 형식으로서의 미흡한 점에 대해 몇 가지 코멘트를 했고, 양 장로님은 그것을 반영한 원고를 저에게 보내 오셨습니다. 저는 모두 3차에 걸쳐 원고를 다듬었습니다. 원 저자가 표현하려고 했던 것을 적절하게 문장화하는 것이 제 목표였습니다. 하지만 신앙의 개념적 표현과 소설의 문학적 표현이 문장 속에서 여전히 갈등을 하고 있음은, 제 역량이 부족하고 시간도 충분하지 않음에서 빚어진 것임을 말하지 않을 수 없습니다.

이렇게 교정 교열 및 윤문 작업을 하는 한편 책 편집까지 했습니다. 원고의 분량을 고려하여 손에 들고 읽기에 편안한 판형으로 조판을 했습니다. 아무래도 딱딱한 개념적인 대화가 오고 가야 하는 내용을 좀 더 부드럽게 만들기 위해서 각 장별로 삽화를 하나씩 넣어야겠다는 생각을 했습니다.

짐작하시겠지만 이 책의 삽화는 사람이 그린 것은 아닙니다. Adobe Firefly 저작도구를 통하여, Google의 AI 이미지 생성 모델인 Genmini 2.5의 소위 나노 바나나(Nano Banana)에 의뢰하여 그린 것입니다. Firefly 프롬프트에 '수채화 스타일'과 같은 지시를 해서 작품의 내용과 관련된 그림 20여 장을 확보했습니다. 작품의 주인공인 김은희의 이미지를 그 모든 삽화에서 일정하게 유지하는 것에 중점을 두었습니다. 이렇게 확보한 이미지 파일은 Adobe의 Photoshop에서 조금씩 다듬어서 책에 넣었습니다.

오늘날은 개인 출판이 손쉬운 시대입니다. 자신의 컴퓨터에서 작성한 문서를 곧바로 책으로 만나볼 수 있습니다. 저는 신앙인이라면 누구라도 이 책처럼 본인의 신앙과 삶이 녹아 있는 원고를 만들고, 적절한 도구를 활용하여 편집하고, 개인 출판을 도와주는 출판사와 연결하여 책을 내시면 좋겠다는 생각을 해 봅니다. 그 첫걸음을 떼신 저자 양형모 장로님께 축하의 인사를 드립니다.

김병선

(소설가, 베트남 호찌민시국립대학교 한국학부 전임교수)

생짜

1판 1쇄 발행 _ 2025년 12월 15일
1판 2쇄 발행 _ 2025년 12월 20일

지은이 _ 양형모
펴낸이 _ 이형규
펴낸곳 _ 쿰란출판사

주소 _ 서울특별시 종로구 이화장길 6
편집부 _ 745-1007, 745-1301~2, 743-1300
영업부 _ 747-1004, FAX 745-8490
본사평생전화번호 _ 0502-756-1004
홈페이지 _ http://www.qumran.co.kr
E-mail _ qrbooks@daum.net / qrbooks@gmail.com
한글인터넷주소 _ 쿰란, 쿰란출판사
페이스북 _ www.facebook.com/qumranpeople
인스타그램 _ www.instagram.com/qrbooks
등록 _ 제1-670호(1988.2.27)
책임교열 _ 최은샘·최진희

 ISBN 979-11- 24013-43-4 03230

책값은 뒤표지에 있습니다.